# 幼儿园活动设计实践探究

刘晓英 著

吉林人民出版社

> 图书在版编目（CIP）数据
>
> 幼儿园活动设计实践探究/刘晓英著. --长春：吉林人民出版社，2024.4. --ISBN 978-7-206-21029-7
>
> Ⅰ. G612
>
> 中国国家版本馆 CIP 数据核字第 2024UE5721 号

## 幼儿园活动设计实践探究

YOU' ER YUAN HUODONG SHEJI SHIJIAN TANJIU

著　　　者：刘晓英
责任编辑：金　鑫
出版发行：吉林人民出版社（长春市人民大街 7548 号　邮政编码：130022）
印　　　刷：唐山才智印刷有限公司
开　　　本：787mm×1092mm　　1/16
印　　　张：9.5　　　　　　　　字　　数：125 千字
标准书号：ISBN 978-7-206-21029-7
版　　　次：2025 年 6 月第 1 版　　印　　次：2025 年 6 月第 1 次印刷
定　　　价：68.00 元

如发现印装质量问题，影响阅读，请与出版社联系调换。

# 前　言

　　学前教育是基础教育的重要组成部分，是儿童身心发展的重要阶段，对于儿童的个体发展具有极为重要的作用。随着社会的不断发展和教育改革的不断深入，人们对早期教育的重视程度越来越高，社会对早期教育的需求越来越迫切，我国学前教育专业已经迈入了一个蓬勃发展的新阶段。幼儿园课程是幼儿园教育的核心，是幼儿教育思想、教育理论转化为实践的桥梁。同时，幼儿园课程也是学前教育专业的基础课程之一，对于学生的整个专业知识体系的构建具有不可忽视的作用。

　　本书基于幼儿园活动设计展开研究，全书从幼儿园活动设计基本理论出发，以幼儿为主体，围绕健康、语言、社会、科学、艺术五大领域展开论述，力争为幼儿园的学前教育活动设计打开新思路。本书既有基础理论知识，也有操作实践性知识，集专业能力培养与职业素质训练为一体，旨在摸索出一条适合幼儿园活动设计的科学道路，帮助幼儿教育工作者在实践中少走弯路，运用科学的方法提高效率，因而对幼儿园活动设计研究有一定的借鉴意义。

　　在本书的策划和撰写过程中，作者参阅了相关的文献资料，并从中得到启示。同时也得到了有关领导、同事、朋友的大力支持与帮助，在此向他们致以衷心的感谢。希望本书能为学习者架起一座集思广益的桥梁，借助其价值加快推进幼儿园活动设计实践与创新的进程，衷心祝愿有更多幼儿园活动设计实践与创新的成果问世，促进学前教育专业体系更加完善。

# 目 录

**第一章　幼儿园活动设计** …………………………………………… 1
　　第一节　幼儿园活动设计概述 ………………………………… 1
　　第二节　幼儿园活动设计的基本理论 ………………………… 3
　　第三节　幼儿园活动设计的基本环节 ………………………… 9

**第二章　幼儿园健康、语言与社会领域活动设计** ………………… 14
　　第一节　幼儿园健康活动设计 ………………………………… 14
　　第二节　幼儿园语言活动设计 ………………………………… 22
　　第三节　幼儿园社会活动设计 ………………………………… 34

**第三章　幼儿园科学与艺术领域活动设计** ………………………… 43
　　第一节　幼儿园科学领域活动设计 …………………………… 43
　　第二节　幼儿园艺术领域活动设计 …………………………… 100

**第四章　幼儿园区域游戏活动** …………………………………… 125
　　第一节　幼儿游戏理论 ………………………………………… 125
　　第二节　幼儿园区域游戏活动 ………………………………… 132
　　第三节　幼儿园区域游戏活动的组织与指导 ………………… 138

**参考文献** …………………………………………………………… 143

# 第一章 幼儿园活动设计

## 第一节 幼儿园活动设计概述

### 一、幼儿园活动的基本含义

幼儿园活动是教师有目的、有计划地利用幼儿园所提供的环境和材料，通过教师和幼儿的双向交流，促进幼儿身心发展的过程。幼儿园活动是实现幼儿园教育目标，组织传递一定的教育内容，落实幼儿园教育任务的手段。

幼儿园活动从根本上说是一种师幼互动的过程，教师和幼儿是活动最基本的参与者，也是活动最直接的体现者。因此，幼儿园活动首先是教师和幼儿双主体的活动，同时在这个过程中，既体现出了教师的"教"，又体现出了幼儿的"学"，是一个师幼双向互动的活动过程。

### 二、幼儿园活动设计的基本含义

"设计"一词的原意是指在正式做某项工作之前，根据一定的目的要求，预先制定规划、方法和图样等。设计注重的是规划和组织，即设计过程是独立于实施过程的，且在实施过程之前进行。它着重对计划对象进行安排和规划，找出可能影响实践的相关因素，并对其进行控制。

幼儿园活动设计常常是对幼儿教师教学组织行为的一种预先筹划，是对一系列外部事件进行精心设计和安排的过程，其目的是支持和促进儿童内部的学习。它由设计者所创设的一定的学习经历组成，通过特殊的转换和发展，以确保幼儿学习卓有成效并能够达到特定的学习目标。事实上，幼儿园活动设计是为促进儿童学习而对学习过程和资源所做的系统安排，是分析儿童的学习需要和目标以形成满足其学习需要的互动系统的全过程。它包括对学习活动目标的设定，对学习对象、学习需要的分析，对学习情境的发展，对活动资源的开发和利用，对学习过程的安排和调整，对学习对象行为的预测和评估等。因此，幼儿园活动设计就是幼儿教师为了完成一定的教育任务，在进行了一定的活动背景分析之后，创造性地对幼儿园活动的目标、内容、实施策略、评价方法进行思考和构建的一个完整过程。

## 三、幼儿园活动设计的意义

无论采用什么样的形式，教师都应在活动实施前进行活动设计。活动设计的过程是教师为了让幼儿达到预定目标和意图，而将自己的经验进行传递、转换和共享的过程。要确保这一系列活动有效进行是需要付出智慧的，需要精心设计和准备，同时还需要一定的技术手段。幼儿园活动设计没有统一的教学大纲要求，为优化教学效果，往往需要教师最大限度地发挥自身主观能动性，创造性地构思、设想和规划教育方案，可以说教师每天都在进行相关的研究活动。因此，活动设计影响幼儿的学习效果，影响教师的教学质量，对完成教育目标具有重要意义。

### （一）有目的、有计划的活动设计能促进幼儿有效地学习

教育教学的过程是教师"教"和幼儿"学"的双向交流过程，是教师指导、帮助、促进幼儿学习的过程。有目的、有计划的活动设计是实施有效教学的基础，有助于教学活动在一段时间内形成一定的逻辑关系。经过系统设计和规划的活动，能够最大限度地帮助幼儿获得社会生活中所必需的经验和能力。同时，通过教师事先的规划和设计，可以尽可能地考虑到每个幼儿个体的特质和需要，使每个幼儿享受活动的乐趣，为每个幼儿提供充分发挥自己潜能的机会，为幼儿的长远发展奠定基础。

## （二）活动设计的过程是引发教师思考、选择有效教学方法的过程

幼儿是活动的主体，有效的活动能够激发幼儿主动学习和发展的积极性。教师作为活动的设计者，应考虑幼儿的需要，了解幼儿的学习方式和特点，从而在教育策略上着眼于设计恰当的情境，激发幼儿参与活动的积极性和学习的主动性。通过活动设计，可以引发教师根据不同的活动内容等多方面因素为班级中每个幼儿的现有水平选择更合适的教育策略，使儿童保持对学习的兴趣并提高自主学习的能力。

## （三）活动设计能够优化活动过程，提高活动质量

活动设计的过程是教师复杂而系统的思考过程，包括教育理念的落实、幼儿特性的分析、教育目标的确定、教育内容的选择、教育方法与途径的选择、各种资源的利用、效果的评估、对可能发生变化的问题的预设等一系列过程。换言之，活动设计是教师在日复一日地思考、实践和改进之后，逐渐形成的系统的、合理的、适合本班幼儿的设计理念和思路，它能够使教育过程更趋于科学和完善，进而有效提高教学活动的质量。

# 第二节 幼儿园活动设计的基本理论

## 一、幼儿园活动设计的教育理念

实际上，活动设计是教师对完成活动所需的行为策略的预先设计，不同行为策略的背后都暗含着教师不同的教育观念，有什么样的教育观念就会设计出什么样的教育行为。因此，教师的教育观念对整个活动的设计都起着至关重要的作用。在经济和文化的推进与变革背景下，社会对高质量教育的要求遵循以下教育理念。

## （一）教是为了不教

"教是为了不教"是我国著名教育家叶圣陶针对课堂上教师"教"与学生"学"的问题所提出的著名论断。叶圣陶主张教学主要就是教学生如何学，也就是"授之以渔"。

教师在进行活动设计时，首先要考虑采用什么样的方法、创设什么样的情境，才能够激发幼儿自主学习的动机，真正提高幼儿的学习能力。例如，在针对交往的教育主题活动中，教师要在了解幼儿当前交往发展现状及问题的基础上，为幼儿提供真实的交往情境。教师可以组织一次外出活动，从外出活动的准备、联络到实施都以幼儿为主，鼓励幼儿在生活中与人进行真实的交往，遇到问题自己解决；教师在适当的时候给予支持、帮助和小结，使他们在与人交往的过程中不断总结交往的方法，真正学会交往，切实增强幼儿的社会实践能力，为他们今后的长远发展奠定基础。

## （二）生活即教育

"生活即教育"是我国著名教育家陶行知提出的论断。他认为教育就是生活的过程，学生要走出教室，置身社会，在生活中学习。也就是说，教育要使学生具备适应生活、更新生活的能力。

幼儿一日生活中大部分时间都是在幼儿园度过的，幼儿教师更需要具备"生活即教育"的意识，让幼儿在与教师共同生活的过程中获得生活的能力。例如，一些地处农村的幼儿园充分利用地区的资源优势，在不同时节带幼儿到田间地头参与劳动。每个班级都有自己认领的一块小田地，播种、除草、浇水、施肥、收获，幼儿和家长、同伴在共同劳动的过程中体验生活，并在生活中学习知识。

## （三）精神助产术

"精神助产术"是著名思想家、教育家苏格拉底在讲学、辩论时常用的一种与众不同的方法，即通过提问帮助、诱导对方提炼和总结正确的观点。实际上，精神助产术就是启发式教学的源头，教师应该努力通过各种方式引导、启发、唤醒幼儿，让他们厘清思路，并形成观点和结论。

精神助产术是一种理念、一种意识，主要体现在教师与幼儿的互动过程中。教师的一言一行、一个眼神、一次提问都应能够启发幼儿主动思考，一步一步引导幼儿悟出真谛。

## 二、幼儿园活动设计的要求

### （一）关注幼儿学习与发展的整体性

幼儿的发展具有整体性，要注重领域之间、目标之间的相互渗透和整合，促进幼儿身心的全面协调发展。研究表明，幼儿各个方面的发展之间，如认知与社会情感之间，身体健康与个性发展之间，语言发展与社会性、个性发展和认知发展之间，美感和表现能力、情绪情感、创造性思维及心理健康的发展之间都有着不可分割的联系。

在人生初期，全面而协调的发展是十分重要的，任何一方面的发展都依赖于其他方面的相应发展。因此，要注重领域之间、目标之间的相互渗透与整合，促进幼儿身心全面协调发展。

遵循幼儿学习与发展的整体性规律，最重要的就是尊重幼儿的生活与游戏。幼儿的生活与游戏本身就具有天然的整体性，其生活中的任何事件都真实而自然地融合着各领域的知识。幼儿在各领域的学习与发展也在其生活和游戏中自然地发生，并一体化地进行。如在家庭里，当家长和幼儿一起看电视，一起选择、议论电视节目时，幼儿就在进行艺术、语言、社会等各方面的学习。正因如此，无论是在家庭还是在幼儿园里，都可以通过与幼儿的共同生活或游戏，帮助幼儿综合学习多个领域的内容，以实现多方面的发展目标。

当然，除生活活动、游戏活动之外，还有许多其他的活动形式。其中有综合性很强的主题活动、方案活动、单元活动等，也有侧重某领域的集体、小组教学等活动。无论何种形式和内容的活动，都必须遵循幼儿学习与发展的整体性。

## （二）尊重幼儿发展的个体差异

幼儿的发展是一个持续、渐进的过程，同时也表现出一定的阶段性特征。幼儿发展的连续性与阶段性表现为其发展是一个量变和质变不断交织着的过程。换言之，幼儿日复一日、渐进的积累过程是量变的发展，阶段性特征则标志着其发展的质变。每一个幼儿在沿着相似进程发展的过程中，各自的发展速度和到达某一水平的时间并不完全相同。因此，要充分理解和尊重幼儿发展进程中的个体差异，支持和引导他们从原有水平向更高水平发展。

要尊重幼儿发展的连续性与阶段性。以语言发展为例，首先，要为幼儿创设一个想说、想表达的环境，确保他们在这个环境当中是放松的、没有压力的，使他们能将内心想法表达出来。其次，要对幼儿的表达给予积极的回应，促进幼儿的语言能力逐渐提升。最后，幼儿在多次锻炼后会逐渐增强自信，在与他人讨论交流时，能清楚地说明自己的观点。除了必须尊重幼儿发展的连续性与阶段性等共性规律之外，还必须尊重幼儿在相似的发展进程中出现的个体差异。换言之，对于幼儿在学习与发展过程中，由于个体先天的或后天的、环境的或自身的种种原因所带来的个体差异必须予以尊重。

要了解每一个幼儿发展的现状、特点、问题、原因，努力为不同幼儿的发展创造有针对性的环境和条件，帮助他们在自己原有的水平上向更高的水平发展。

## （三）理解幼儿的学习方式和特点

幼儿的学习是幼儿通过自己特有的方式与周围环境互动的过程，是幼儿主动探索周围的社会环境、自然环境和物质世界的过程。

幼儿的学习是以直接经验为基础，在游戏和日常生活中进行的。因此，要珍视游戏和生活的独特价值，创设丰富的教学环境，合理安排一日的生活，最大限度地支持和满足幼儿通过直接感知、实际操作和亲身体验获取经验的需要。幼儿应通过直接感知获得直接经验，强化"做中学"。"做中学"就是让幼儿动手操作，直接体验，在做的过程中学习，同时在游戏中通过实际操作强化"玩中学"。"玩中学"是幼儿最好的学习方式，也是幼儿最有意义的学习过程。另外，还应在生活中通过亲身体验，强化幼儿在"生活中学"。

### （四）重视幼儿的学习品质

学习品质是幼儿在活动过程中表现出的积极的态度和良好的行为倾向，是终身学习与发展所必需的宝贵品质。要充分尊重和保护幼儿的好奇心和学习兴趣，帮助幼儿逐步养成积极主动、认真专注、不怕困难、敢于探究和尝试、乐于想象和创造等良好的学习品质。

从保障儿童权利出发，通过制定明确的儿童学习与发展标准，以文件形式对幼儿应知、应会的内容进行界定，以促进家庭、幼儿园达成对幼儿学习和发展期望的共识，更科学、更有效地提高幼儿早期教育质量，推动教育平等。

由于学习品质是个体学习的倾向、态度、行为习惯、方法和活动方式等与学习密切相关的基本素质，是在儿童早期开始形成与发展并对个体现在和将来的学习都具有重要影响的基本素质。幼儿学习品质是在健康、语言、社会、科学、艺术等各领域学习活动中表现出来的。因此，应在实际的生活、游戏中对幼儿学习品质进行培养。

## 三、幼儿园活动设计内容的选择

### （一）幼儿园活动设计内容应该结合幼儿的生活经验

儿童心理学研究表明，对于幼儿来说，日常生活中体验性、探索性的知识对幼儿具有重要的价值。幼儿园活动内容应与幼儿的生活实际紧密联系，这些内容应该是幼儿所熟悉的，也是他们所能理解的，并且能让他们感受到知识可以解决生活中遇到的问题。因此，选择与幼儿生活经验相联系的内容，是教师在设计活动时要特别注意的问题。教育内容要与幼儿的生活经验或认识有一定的重合，并与幼儿的已有经验有一定的冲突，这样既能激发幼儿的探究欲望，又能满足幼儿的成就感。

## （二）幼儿园活动内容应能满足幼儿的兴趣和需要

兴趣与需要是影响幼儿学习的巨大动力，因而选择教育内容时必须考虑幼儿的兴趣与需要。教师可以通过观察幼儿的活动，及时捕捉幼儿的兴趣所在，从幼儿感兴趣的事物中生成活动的内容。具体来说，教师可以从幼儿关注的话题（谈话或疑问）、吸引幼儿的事件、幼儿的角色行为、幼儿感兴趣的艺术作品和文学作品中寻找合适的教育内容。在对待幼儿的兴趣方面，教师应根据相关规定的教育目标，在幼儿没有自发兴趣的情况下，通过各种手段和方法激发和培养幼儿的兴趣，进而促进幼儿的兴趣发展。因此，对于一些促进幼儿发展确有价值但难以直接激发幼儿兴趣的活动内容，教师应该考虑采用幼儿感兴趣的活动方式进行。

## （三）幼儿园活动设计内容要能够满足幼儿日后学习和长远发展的需要

幼儿园教育是基础教育的根基，是幼儿从家庭走向社会的第一步，衔接着家庭教育和学校教育，同时对幼儿终身发展具有奠基和启蒙的作用。因此，幼儿园活动设计内容的选择和编排既要能够满足幼儿日后学习的需要，也要能够满足幼儿长远发展的需要。这就要求活动本身既要反映知识发展的内在规律，又要符合幼儿的认知水平，同时需要协调学科逻辑与幼儿心理发展逻辑之间的矛盾。教育内容作为知识的外部载体，其结构和质量会影响幼儿经验的内化质量和水平。对幼儿来说，其认知的发展更倾向于遵循自身内在的发展逻辑。因此，教育内容的选择与编排首先要注意知识逻辑性的衔接，由浅入深、由易到难、由具体到抽象、由简单到复杂，建立一个有序的关联性知识系统，循序渐进，为幼儿日后的学习奠定基础。其次，教育内容的选择要有利于幼儿主动建构能力的培养，更多地选择能给幼儿带来操作的机会。对幼儿来说，只有在活动中的学习才是有意义的学习，只有在直接经验基础上的学习才是理解性的学习。

## （四）幼儿园活动设计内容的选择要有教育性和科学性

在选择活动设计内容时要充分考虑知识的教育功能，即教师选择的内容要能使幼儿在获得知识的同时发展良好的道德情感和健康人格，形成对事物的正确态度。活动内容还要符合科学性，即教师要向幼儿传授正确的知识技能。虽然传授给幼儿的知识是初步、浅显的，但教师对知识的介绍、说明、讲解、分析、举例等必须准确无误、通俗易懂，以利于幼儿形成科学的概念。

# 第三节 幼儿园活动设计的基本环节

幼儿园活动设计的主要环节包括活动名称、活动目标、活动准备、活动重难点、活动过程、活动延伸、活动评价与反思。每个环节都相互联系、不可分割，构成了活动设计的主要过程。

## 一、活动名称

活动名称表明教学活动的主要内容、所属领域以及各年龄班型，表述应简单明了、一语中的，如小兔乖乖（语言小班）。

## 二、活动目标

活动目标是整个教学活动的核心，目标的确定应是根据相关文件所定的各领域总目标进行逐层细化而来的，具有一定的层次性和递进性。活动目标的表述应具体、准确，同时要注重统一表述的角度。例如，"愿意将自己的食物分给同伴"这样的目标表述方式就比较具体，且容易操作和检验。还有从教师角度出发的表述方式，如"鼓励幼儿将自己的食物分给同伴"，这样的表述方式就是告诉教师应该怎么做。以上两种表述方式都是可行的，但同一活动中如有若干活动目标，那么它们的表述方式应统一。

目标的内容主要包括三方面：幼儿认知方面的目标、能力方面的目标、情感方面的目标。如语言领域中的三条目标：乐意与人交谈，讲话自然、礼貌属于情感方面的目标；能清楚地进行自我表达属于能力方面的目标；理解故事内容属于认知方面的目标。教师可根据活动的具体内容和幼儿的实际情况有针对性地制定，每次活动可有不同侧重点。

## 三、活动准备

活动准备是教学活动设计必备的环节之一，包括经验准备和物质准备。其中经验准备是教师在教学活动设计中容易忽略的，但又是影响教学效果的重要因素。

经验准备一方面需要教师事先了解幼儿的已有水平，根据已有水平设计活动；另一方面，教师可以提前将完成活动所必需的经验教给幼儿，但要把握好尺度。因此，教师在教学活动设计过程中要充分考虑幼儿的已有经验，以及在教学活动中需要提前进行渗透和铺垫的内容，使幼儿通过活动能够将已有经验调动起来，然后建立新的经验。

物质准备主要指的是教学用具，包括教师运用的教学用具和幼儿操作活动的具体材料。由于幼儿缺乏知识经验，年龄特点是无意注意占优势，思维方式是具体形象思维，所以在教学活动中教学用具的运用就显得尤为重要。

## 四、活动重难点

一般情况下，活动重点就是活动主要目标的重申和强调；活动难点则是达成目标可能遇到的问题和困难，是根据本班幼儿的实际情况确定的。制定了活动的重点与难点，就要在活动过程中有所体现，并且要有突破重点难点的具体策略，即保证活动主要目标达成的途径。重点与难点的把握，实际上就是教师预设活动中幼儿可能出现的问题，如果预测准确而且做好了充分的应对准备，目标就能顺利达成；如果预测有偏差，真正的难点被忽略了，如幼儿遇到困难而教师缺乏相应的策略，就会非常影响活动效果。所以说，重点与难点的把握是目标达成的核心环节，这一环节的设计需要在教师对幼儿充分了解的基础上进行。

## 五、活动过程

活动过程是活动的主要环节，也是实现教育目标的重要环节。活动过程包括导入部分、基本部分和结束部分。其中，基本部分是实施教育策略，完成教育目标的重点部分，约占整个过程的三分之二，导入和结束部分约占三分之一。活动过程的设计要求灵活多样、层层递进、由浅入深，使幼儿在情境与游戏中不知不觉达成目标，获得发展。活动过程的设计要体现教师的教育理念，体现实现目标与突破重难点的有效策略，突出幼儿的主体参与。

### （一）导入部分

活动导入的常见类型包括：直观导入、演示导入、作品导入、音乐导入、游戏导入、经验导入等。从教师的角度来说，活动是教师有目的、有计划、有组织地实行的活动。教师作为活动的组织者、指导者，自然承担着引导幼儿进入所要学习的主题并进行深入探索的任务。在活动开始阶段，教师恰当的活动导入策略非常重要，它可以在较短时间内吸引幼儿的注意力，激发幼儿的学习兴趣，引导幼儿主动探究和思考，同时保证活动进程的顺利实施，使幼儿在轻松、自主、有趣、愉快的氛围中学习。

### （二）基本部分

活动的基本部分是幼儿表现自己已有经验和获取经验的过程，是教师适时、适宜、适度地介入的过程，是一个多向积极互动的过程，同时也是教师充分利用准备材料实现活动目标的过程。在活动开展过程中，幼儿以各种方式对感兴趣的事物进行探索，但由于受经验、能力、活动材料、活动时间、空间等多种因素的影响，活动的开展并不是一帆风顺的。因此，教师应该根据活动目标，确定重点和难点，并以此安排幼儿的活动顺序、步骤，设计活动的方法、形式、手段，并注意各环节之间的自然衔接和过渡，围绕目标循序渐进。

要想有效地开展活动，教师就必须在满足幼儿兴趣需要的同时，采取灵活、多样的"推进策略"。例如，"需要在前，引领在后""探索在前，讨论在后""观察在前，指导在后"等教育策略。

### （三）结束部分

结束部分的主要目的是归纳和总结活动的主要内容，如进行评价总结、展示和交流活动成果等。如果有未完成的内容，可以利用其他时间继续活动，即活动的延伸。

一般来说，活动最后应该安排幼儿之间进行分享和交流，这是幼儿向他人展示已有收获或成果的阶段，是活动必不可少的部分，也是将活动推向高潮的环节。分享交流是要给幼儿展示的机会，分享交流的过程是幼儿通过他人的表现进行再回顾、再认识、再学习的过程。作品的展示、生动的讲述、已有经验的分享、知识的传递、获得的关注与表扬，都将使幼儿由衷地享受成功的喜悦。成功感将转化为幼儿成长进步的内动力，促进幼儿更喜欢学习与探索。

## 六、活动延伸

活动延伸在幼儿园活动中属于一个微小的细节，而成功的教育就是由一个个教育细节组成的，所以在活动中应重视活动延伸。一是要善于抓住幼儿的兴趣点，生成活动延伸；二是要捕捉生活细节，开展活动延伸；三是要释放材料，内化活动延伸；四是要家园结合，外化活动延伸。

## 七、活动评价与反思

活动评价与反思是整个教学活动的后续环节，是教学效果评定与教师自我审视、自我提高的主要环节，也是必不可少的环节。活动评价与反思可以从目标的达成、幼儿状态、问题分析等方面进行。反思的时候要注意从优势和劣势两方面进行，对两方面都要进行深入思考，找到优势和问题背后的原因，并思考今后应对这一问题的调整策略。只有这样，反思才能真正达到促进教师专业成长的目的，才能更有效地促进幼儿发展。

活动设计的过程是教师为了让幼儿达到预定目标和意图，而将自己原有的经验进行传递、转换和共享的过程。要确保这一系列活动有效进行，需要教师付出智慧，并且精心设计和准备，同时还需要一定的技术手段。幼儿园活动设计没有统一的教学大纲要求，为优化教学效果，往往需要教师更大程度地发挥主观能动性，创造性地构思、设想和规划教学方案，可以说教师每天都在进行研究活动。因此，活动设计直接影响幼儿的学习效果，影响教师的教学质量，对完成教育目标具有重要意义。

# 第二章 幼儿园健康、语言与社会领域活动设计

## 第一节 幼儿园健康活动设计

### 一、幼儿园健康教育的内涵

#### （一）幼儿健康

健康既是幼儿身心和谐发展的结果，也是幼儿身心充分发展的前提。幼儿园必须把保护幼儿的生命和促进幼儿的健康放在工作的首位，树立正确的健康观念，在重视幼儿健康的同时，要高度重视幼儿的心理健康。

幼儿健康是指幼儿各个器官生长发育正常，能较好地抵抗各种疾病；性格开朗、情绪乐观、无心理障碍，对环境有较快的适应能力。

#### （二）幼儿园健康教育

幼儿园健康教育是幼儿园教育的重要组成部分，是幼儿健康和幼儿教育的有机结合，是保持和促进幼儿健康发展的系统教育活动。具体是指根据幼儿身心发展特点，提高幼儿的健康认识，改变幼儿的健康态度，培养幼儿的健康行为。

### 二、幼儿园健康教育目标

#### （一）幼儿健康教育总目标

幼儿健康教育总目标是确定幼儿年龄阶段目标和具体活动目标的依

据，是幼儿园健康教育活动的出发点和归宿，对幼儿的身心保健起规范作用。

学前儿童健康教育的目标包括：身体健康，在集体生活中情绪安定、愉快。生活、卫生习惯良好，有基本的生活自理能力。知道安全保健常识，学习保护自己。喜欢参加体育活动，动作协调。

### (二) 年龄阶段目标

幼儿园健康教育年龄阶段目标是根据总目标，依据各年龄段幼儿身心发展的特点制定的，不同年龄阶段幼儿健康教育目标如下。

#### 1. 身心状况

具体内容见表2-1、表2-2、表2-3。

表2-1 具有健康的体态

| 3～4岁 | 4～5岁 | 5～6岁 |
| --- | --- | --- |
| 1. 身高和体重适宜<br>参考标准：<br>男孩：<br>身高：94.9～111.7厘米<br>体重：12.7～21.2千克<br>女孩：<br>身高：94.1～111.3厘米<br>体重：12.3～21.5千克<br>2. 在提醒下能自然坐直、站直 | 1. 身高和体重适宜<br>参考标准：<br>男孩：<br>身高：100.7～119.2厘米<br>体重：14.1～24.2千克<br>女孩：<br>身高：99.9～118.9厘米<br>体重：13.7～24.9千克<br>2. 在提醒下能保持正确的站、坐和行走姿势 | 1. 身高和体重适宜<br>参考标准：<br>男孩：<br>身高：106.1～125.8厘米<br>体重：15.9～27.1千克<br>女孩：<br>身高：104.9～125.4厘米<br>体重：15.3～27.8千克<br>2. 经常保持正确的站、坐和行走姿势 |

表2-2 情绪安定愉快

| 3～4岁 | 4～5岁 | 5～6岁 |
| --- | --- | --- |
| 1. 情绪比较稳定，很少因一点小事哭闹不止<br>2. 有比较强烈的情绪反应时，能在成人的安抚下逐渐平静下来 | 1. 经常保持愉快的情绪，不高兴时能较快缓解<br>2. 有比较强烈情绪反应时，能在成人提醒下逐渐平静下来<br>3. 愿意把自己的情绪告诉亲近的人，一起分享快乐或求得安慰 | 1. 经常保持愉快的情绪。知道引起自己某种情绪的原因，并努力缓解<br>2. 表达情绪的方式比较适度，不乱发脾气<br>3. 能随着活动的需要转换情绪和注意 |

表 2-3  具有一定的适应能力

| 3～4 岁 | 4～5 岁 | 5～6 岁 |
| --- | --- | --- |
| 1．能在较热或较冷的户外环境中活动<br>2．换新环境时情绪能较快稳定，睡眠、饮食基本正常<br>3．在教师帮助下能较快适应集体生活 | 1．能在较热或较冷的户外环境中连续活动半小时左右<br>2．换新环境时较少出现身体不适<br>3．能较快适应人际环境中发生的变化。如换了新教师能较快适应 | 1．能在较热或较冷的户外环境中连续活动半小时以上<br>2．天气变化时较少感冒，能适应车、船等交通工具造成的轻微颠簸<br>3．能较快融入新的人际关系环境。如换了新的幼儿园或班级能较快适应 |

2．动作发展

具体内容见表 2-4、表 2-5、表 2-6。

表 2-4  具有一定的平衡能力，动作协调、灵活

| 3～4 岁 | 4～5 岁 | 5～6 岁 |
| --- | --- | --- |
| 1．能沿地面直线或在较窄的低矮物体上走一段距离<br>2．能双脚灵活交替上下楼梯<br>3．能身体平稳地双脚连续向前跳<br>4．分散跑时能躲避他人的碰撞<br>5．能双手向上抛球 | 1．能在较窄的低矮物体上平稳地走一段距离<br>2．能以匍匐、膝盖悬空等多种方式钻爬<br>3．能助跑跨跳过一定距离，或助跑跨跳过一定高度的物体<br>4．能与他人玩追逐、躲闪跑的游戏<br>5．能连续自抛自接球 | 1．能在斜坡、荡桥和有一定间隔的物体上较平稳地行走<br>2．能以手脚并用的方式安全地爬攀登架、网等<br>3．能连续跳绳<br>4．能躲避他人滚过来的球或扔过来的沙包<br>5．能连续拍球 |

表 2-5  具有一定的力量和耐力

| 3～4 岁 | 4～5 岁 | 5～6 岁 |
| --- | --- | --- |
| 1．能双手抓杠悬空吊起 10 秒左右<br>2．能单手将沙包向前投掷 2 米左右<br>3．能单脚连续向前跳 2 米左右<br>4．能快跑 15 米左右<br>5．能行走 1 千米左右（途中可适当停歇） | 1．能双手抓杠悬空吊起 15 秒左右<br>2．能单手将沙包向前投掷 4 米左右<br>3．能单脚连续向前跳 5 米左右<br>4．能快跑 20 米左右<br>5．能连续行走 1.5 千米左右（途中可适当停歇） | 1．能双手抓杠悬空吊起 20 秒左右<br>2．能单手将沙包向前投掷 5 米左右<br>3．能单脚连续向前跳 8 米左右<br>4．能快跑 25 米左右<br>5．能连续行走 1.5 千米以上（途中可适当停歇） |

表2-6　手的动作灵活协调

| 3~4岁 | 4~5岁 | 5~6岁 |
|---|---|---|
| 1. 能用笔涂涂画画<br>2. 能熟练地用勺子吃饭<br>3. 能用剪刀沿直线剪，边线基本吻合 | 1. 能沿边线较直地画出简单图形，或能沿边线基本对齐地折纸<br>2. 会用筷子吃饭<br>3. 能沿轮廓线剪出由直线构成的简单图形，边线吻合 | 1. 能根据需要画出图形，线条基本平滑<br>2. 能熟练使用筷子<br>3. 能沿轮廓线剪出由曲线构成的简单图形，边线吻合且平滑<br>4. 能使用简单的劳动工具或用具 |

## 3．生活习惯与生活能力

具体内容见表2-7、表2-8、表2-9。

表2-7　具有良好的生活卫生习惯

| 3~4岁 | 4~5岁 | 5~6岁 |
|---|---|---|
| 1. 在提醒下，按时睡觉和起床，并能坚持午睡<br>2. 喜欢参加体育活动<br>3. 在引导下，不偏食、挑食。喜欢吃瓜果、蔬菜等新鲜食品<br>4. 愿意饮用白开水，不贪喝饮料<br>5. 不用脏手揉眼睛，连续看电视等不超过5分钟<br>6. 在提醒下，每天早晚刷牙，饭前便后洗手 | 1. 每天按时睡觉和起床，并能坚持午睡<br>2. 喜欢参加体育活动<br>3. 不偏食、挑食，不暴饮暴食喜欢吃瓜果、蔬菜等新鲜食品<br>4. 常喝白开水，不贪喝饮料<br>5. 知道保护眼睛，不在光线过强或过暗的地方看书，连续看电视等不超过20分钟<br>6. 每天早晚刷牙，饭前便后洗手，方法基本正确 | 1. 养成每天按时睡觉和起床的习惯<br>2. 能主动参加体育活动<br>3. 吃东西时细嚼慢咽<br>4. 主动饮用白开水，不贪喝饮料<br>5. 主动保护眼睛，不在光线过强或过暗的地方看书，连续看电视等不超过30分钟<br>6. 每天早晚主动刷牙，饭前便后主动手，方法正确 |

表2-8　具有基本的生活自理能力

| 3~4岁 | 4~5岁 | 5~6岁 |
|---|---|---|
| 1. 在成人帮助下能穿脱衣服或鞋袜<br>2. 能将玩具和图书放回原处 | 1. 能自己穿脱衣服、鞋袜、扣纽扣<br>2. 能整理自己的物品 | 1. 能知道根据冷热增减衣服<br>2. 会自己系鞋带<br>3. 能按类别整理好自己的物品 |

表 2-9　具备基本的安全知识和自我保护能力

| 3~4 岁 | 4~5 岁 | 5~6 岁 |
| --- | --- | --- |
| 1. 不吃陌生人给的东西，不跟陌生人走<br>2. 在成人提醒下能注意安全，不做危险的事<br>3. 在公共场所走失时，能向警察或有关人员说出自己和家长的名字、电话号码等简单信息 | 1. 知道在公共场合不远离成人的视线单独活动<br>2. 认识常见的安全标志，能遵守安全规则<br>3. 运动时能主动躲避危险<br>4. 知道简单的求助方式 | 1. 未经大人允许不给陌生人开门<br>2. 能自觉遵守基本的安全规则和交通规则<br>3. 运动时能注意安全，不给他人造成危险<br>4. 知道一些基本的防灾知识 |

## 三、幼儿园健康教育的内容

幼儿健康教育的内容涉及生活的方方面面，具体内容可分为以下几个方面。

### （一）生活习惯与生活能力方面

生活习惯与生活能力方面包括：一是良好生活习惯的养成教育。包括个人卫生习惯、学习习惯、周围环境卫生的习惯等。二是日常安全知识和自我保护能力。包括生活安全知识、活动安全常识、粗浅的药物安全常识、应付和处理意外事故的简单知识与技能、初步的自我保护能力等。三是饮食与营养。包括与饮食有关的知识和技能、常见食物的名称及其粗浅的营养知识、营养与健康的关系、膳食平衡的简单知识等。四是疾病防治意识。包括常见疾病的粗浅预防知识；了解预防接种的相关知识；愿意主动接受治疗。五是认识自己的身体。包括认识身体的主要器官及其主要功能、保护器官的基本知识和技能、预防龋齿及换牙的有关知识等。

### （二）动作发展方面

1. 各类体育游戏

幼儿园体育游戏是幼儿园体育活动中最重要的内容，它是由一定情节、角色、动作和规则等组成的，以发展幼儿基本动作为主要内容的身体活动。

在日常活动中，幼儿主要通过体育游戏锻炼幼儿的基本动作。幼儿的基本动作包括走、跑、跳、投掷、平衡、钻爬、攀登、翻滚等，在游戏中锻炼了基本动作，增强了幼儿的身体素质。由于体育游戏多以情节性、组织性游戏为主，在游戏的过程中还培养了幼儿的组织性、纪律性、合作性、创造性等。

2. 基本体操和队列队形

基本体操是指幼儿通过身体各部位动作的协调配合，根据人体各部位运动的特点，按照一定的程序，有目的、有节奏地进行单一或组合动作的身体练习，包括徒手操和轻器械操。徒手操包括模仿操、拍手操、韵律操、武术操等；轻器械操包括筷子操、哑铃操、饮料罐操、旗操等，两者都多以集体形式进行。

队列队形是指多名幼儿按教师的口令，做出协调一致的动作，排成一定队形。包括动作、队形、变换队形的方法和口令、识别方位等内容。多以集体形式进行。在这个过程中，教师的口令一定要运用正确，将重点放在识别空间方位上，与日常生活其他活动结合起来，使幼儿更加有兴趣。

3. 器械类活动

运动器械包括大中型的固定性运动器械（攀登架、滑梯、跷跷板、蹦蹦床、秋千、攀网、联合器械等）、中小型的可移动性运动器械（平衡木、小三轮车、脚踏车、垫子等）、手持的小型运动性器械（各种球类、橡皮筋、跳绳、小高跷、铁环等）。在户外游戏时幼儿可自主选择。

4. 体育教学活动

体育教学活动是一种有目的、有计划、有组织的体育活动，以身体练习为主要内容，培养幼儿身体素质的全面发展。主要任务是全面锻炼身体，增强幼儿体质，传授简单的体育知识和技能；锻炼意志，发展个性等。

此外，还包括心理健康教育方面，如学习表达和调节自己情绪的方法；培养社会交往能力；心理障碍和行为异常的预防等。

## 四、幼儿健康教育活动的设计

### （一）幼儿生活习惯与生活能力方面的设计

幼儿园必须将保护幼儿的生命和促进幼儿的健康放在工作的首位。幼儿园进行此类活动就是为了更好地保护幼儿的生命和健康，因此开展生活习惯和生活能力方面的教育活动是十分有必要的。

常用的方法具体可分为以下几种。

1. 讲解演示法

讲解演示法是指教师边讲解边结合动作、实物、模型等进行演示的方法，具体而形象地向幼儿传授有关健康的知识和技能，提高幼儿对健康的认识水平。教师应根据具体情况变换演示的方式。

2. 练习法

练习法是指幼儿将在活动中学到的生活技能、健康行为等进行反复练习形成稳定的技能和良好行为习惯的方法。

3. 讨论法

讨论法是指幼儿通过对教师提出的问题进行讨论，得出结论，形成共识，从而提高幼儿对健康的认识水平的方法。

4. 模拟训练法

模拟训练法是指针对生活中可能出现的情景进行实践性练习，以提高健康行为能力的方法。

### （二）幼儿动作发展方面的设计

1. 各类体育游戏设计

（1）翻饼（炒黄豆）

目标：练习钻的动作，发展幼儿身体的协调能力。

玩法：两个幼儿相对站立手拉手，左右摇动，同时念儿歌"翻饼、烙饼、油炸馅饼。"或念"炒、炒、炒黄豆，炒好黄豆翻跟斗。"念完后高举一手，两人的头向里钻，同时转体360度（转体时要钻过举起的手,相背时两手高低交换)。

建议:儿歌内容可根据当地习惯自选自编。

(2) 捉星星

目标:在一定范围内四散追逐跑,提高幼儿的躲闪能力,发展幼儿身体的灵敏素质。

玩法:教师讲解,请一个幼儿当科学家,戴上宇宙飞船头饰,站在场外,其余幼儿扮演小星星,四散地站在操场上。

游戏开始,"小星星"一起念儿歌:"小星星,在天空,一闪一闪眨眼睛。""小科学家"接着念:"我坐宇宙小飞船,飞到天上捉星星。"说完最后一句话,"小科学家"就跑进场内捉"星星"。"星星"四散跑着躲闪。被捉到的"星星"站到场外,捉到数颗"星星"(视情况而定)后游戏结束。之后游戏重新开始,更换"科学家"。

2. 幼儿体育教学活动设计

幼儿体育教学活动常用的方法主要有:演示法、游戏法、讲解法、比赛法、练习法等。幼儿园身体锻炼活动的设计一般主要包括三个部分:开始环节、中间环节、结束环节。

(1) 开始环节

内容:主要是热身活动,包括排队和队列队形练习;向幼儿说明活动的主要内容和要求,做一些基本体操或模仿活动;开展一些运动负荷不大、有利于发展幼儿体能的游戏,也可进行一些简单的律动或专门性的体育活动等。

时间:一般占总时间的 10%~15%。

目的:集中幼儿的注意力,激发参与身体锻炼活动的兴趣,为后面的活动做好适应性准备。

开始部分的设计最好简短新颖,要根据幼儿特点、教学活动目标、气候等因素确定活动的内容和时间。

(2) 中间环节

内容:包括发展体能的游戏、基本体操训练等。一般安排 1~2 项活动内容。在内容的安排上应注意新旧搭配、动静结合、有张有弛,全面发展幼儿身体的灵活性、协调性等。

时间：是整体活动的核心部分，一般占总时间的75%～80%。

任务：学习粗浅的体育知识和技能；学习新的或较难的活动内容；巩固和提高已学过的各类练习和游戏等。实现本次体育教学活动的主要教育和教学的活动目标，并从中通过幼儿自身的身体练习，提高幼儿的身体素质，发展幼儿的能力，培养幼儿良好的品质等。

(3) 结束环节

内容：主要是整理活动。如组织幼儿轻松自然地走步、徒手放松练习、简单轻松的操节或律动、较安静的游戏等，同时也可进行活动小结或评价，有组织地结束活动，并收拾和整理器材等。

时间：一般占总时间的10%以下，视具体情况增减。

任务：使幼儿的身体由运动的紧张状态逐渐恢复到相对安静的状态，以降低幼儿大脑的兴奋性。

### 五、组织幼儿园健康活动对教师的要求

教师要了解幼儿的生理、心理发展的特点，各年龄阶段幼儿动作发展的特点及差异，以保证幼儿的安全和健康为首要工作。教师要具有一定的组织、引导幼儿积极参与健康活动的技能和能力，如动作示范、游戏创编等。教师要掌握一定数量的室内外体育活动的小游戏、儿歌等。通过体育活动促进幼儿身体的发育，多方面发展幼儿身体的协调性、灵活性和敏捷性，培养幼儿对体育活动的兴趣。养成健康的生活习惯对于幼儿的终身发展有重要的作用，教师要持之以恒地通过各种活动培养幼儿良好的生活习惯。

## 第二节　幼儿园语言活动设计

语言是人类最重要的交际工具，在幼儿的起始阶段对他们的倾听、表达起着重要作用。新生儿出生后，由于吃、喝等生理需求，他们逐渐

产生了与他人的沟通倾向。通过交际,他们逐步丰富了自身对周围世界的认知,同时认知也可以促进其语言的发展。所以,语言不仅是交际工具,也是思维的工具,它能促进个体在智力、社会性等方面的发展。因此,对幼儿进行语言教育也显得尤为重要。

幼儿园语言教育活动是有目的、有计划、有组织地对幼儿进行语言教育的过程。作为一名幼儿园教师,首先要了解幼儿语言发展的特点,这样才能更好地促进其语言的发展,进而促进幼儿获得全面发展。

## 一、幼儿语言发展的特点

语言是以语音为物质外壳,以词汇为建筑材料,以语法为结构规律构成的。可以从语言形式、语言内容和语用技能三个方面观察幼儿语言的发展程度。

语言的发展受神经系统的发育、发音器官的调节控制、听觉器官的辨别等因素影响,在不同的年龄阶段有着不同的发展特点。

### (一)1~3岁幼儿前期语言的发展

1~1.5岁属于单词句阶段,这一阶段幼儿的语言在表达方面基本上是以词代句,一般能说几十个词。例如,当幼儿说"花"时会说成"花花",意思可能是"这是花""我要这枝花"等。

1.5~2岁属于多词句阶段,词汇量逐渐可以达到300个词左右,一般称为电报式语言,表达时断断续续,结构不完整。如幼儿说"衣衣,走"意为"穿上衣服走"。

2~3岁属于简单句阶段,词汇量逐渐可以达到700个词左右,能说出简单句并与他人进行简单的交流。例如,"我要走""我喝水"等。

这一阶段幼儿掌握的词汇多为名词、动词,有少量的形容词、数词等。一般称这一阶段为"掌握本民族语言的准备期"或"前言语期"。

### (二)3~6岁是幼儿口语发展的快速时期

这一阶段幼儿在语音、词汇、语法方面都有了明显进步,是幼儿口语发展的快速时期,为书面语言的学习奠定了基础。

3~4岁的幼儿神经系统发育不够完善，发音器官和听觉器官的调节、控制能力相对较差，他们对一些语音的掌握还有待提高。如 g 和 d，zh、ch、sh 和 z、c、s 等发音不准，例如，把"知道"说成"zi～dao"、把"姥爷"说成"ao～ye"、把"哥哥"说成"de～de"等。这一时期是幼儿语音培育的关键期。因此在语言教育活动中，小班重点在于进行语音教育，说完整的简单句，如正确发音、准确听音等。一般幼儿在正常的培育下，到4岁基本可以掌握本民族的全部语音。

4~5岁幼儿在语音教育的基础上，对词汇的要求日益提高。幼儿逐渐可以串词成句，以简单句为主来表达自己的思想。因此在语言教育活动中，中班的教育重点是词汇教育，如丰富词汇量、扩大词类范围和加深对词义的理解。

5~6岁幼儿在句子的理解和发展两方面有了较大进步，从以简单句为主逐步到掌握祈使句、疑问句等较为复杂的句型，可以理解的句型也越来越多。因此在语言教育活动中，大班的教育重点是语法教育。

尽管不同的年龄班有不同的语言教育重点，但在教育过程中每一阶段的年龄班在语音、词汇、语法三方面均有涉及。在幼儿语言发展的过程中，幼儿是先理解再说出，语言发展存在着沉默期，因此要重视沉默期的语言教育。

综上所述，幼儿语言发展特点有五个：一是在语音的发展方面，从部分语音发不清楚，到逐渐能发清楚所有的语音。二是在词汇的发展方面，逐渐增加词汇量（1000～4000个）；逐渐扩大词类范围，如名词、动词、代词、形容词、副词等；逐渐确切地理解词义，由具体到抽象。三是在语法的掌握方面，逐渐掌握多种句式的表达，从简单句到复合句，从陈述句发展到多种形式的句子，从不完整句到完整句，句子从短到长等。四是在言语表达能力方面，通过讲述活动逐渐培养幼儿的独白言语、连贯性言语、内部言语等。五是部分幼儿已经具有了一定的认字、阅读的能力。

## 二、幼儿园语言教育目标

幼儿园语言教育目标是幼儿园教育总目标的组成部分，它指出了幼儿园语言教育活动使幼儿的语言水平所能达到的预期效果。

在《指南》中从倾听与表达、阅读与书写准备两方面提出了不同年龄段的具体要求。

### （一）倾听与表达

具体内容见表 2-10、表 2-11、表 2-12。

表 2-10　认真听并能听懂常用语言

| 3～4 岁 | 4～5 岁 | 5～6 岁 |
| --- | --- | --- |
| 1. 别人对自己说话时能注意听并做出回应<br>2. 能听懂日常会话 | 1. 在群体中能有意识地听与自己有关的信息<br>2. 能结合情境感受到不同语气、语调所表达的不同意思<br>3. 方言地区和少数民族幼儿能基本听懂普通话 | 1. 在集体中能注意听教师或其他人讲话<br>2. 听不懂或有疑问时能主动提问<br>3. 能结合情境理解一些表示因果、假设等相对复杂的句子 |

表 2-11　愿意讲话并能清楚地表达

| 3～4 岁 | 4～5 岁 | 5～6 岁 |
| --- | --- | --- |
| 1. 愿意在熟悉的人面前说话，能大方地与人打招呼<br>2. 基本会说本民族或本地区的语言<br>3. 愿意表达自己的需要和想法，必要时能配以手势动作<br>4. 能口齿清楚地说儿歌、童谣或复述简短的故事 | 1. 愿意与他人交谈，喜欢谈论自己感兴趣的话题<br>2. 会说本民族或本地区的语言，基本会说普通话。少数民族聚居地区幼儿会用普通话进行日常会话<br>3. 能基本完整地讲述自己的所见所闻和经历的事情<br>4. 讲述比较连贯 | 1. 愿意与他人讨论问题，敢在众人面前说话<br>2. 会说本民族或本地区的语言和普通话，发音正确清晰；少数民族聚居地区幼儿基本会说普通话<br>3. 能有序、连贯、清楚地讲述一件事情<br>4. 讲述时能使用常见的形容词、同义词等，语言比较生动 |

表2-12　具有文明的语言习惯

| 3~4岁 | 4~5岁 | 5~6岁 |
|---|---|---|
| 1. 与别人讲话时知道眼睛要看着对方<br>2. 说话自然，声音大小适中<br>3. 能在成人的提醒下使用恰当的礼貌用语 | 1. 别人对自己讲话时能回应<br>2. 能根据场合调节自己说话声音的大小<br>3. 能主动使用礼貌用语，不说脏话、粗话 | 1. 别人讲话时能积极主动地回应<br>2. 能根据谈话对象和需要，调整说话的语气<br>3. 懂得按次序轮流讲话，不随意打断别人<br>4. 能依据所处情境使用恰当的语言，如在别人难过时会用恰当的语言表示安慰 |

## （二）阅读与书写准备

具体内容见表2-13、表2-14、表2-15。

表2-13　喜欢听故事、看图书

| 3~4岁 | 4~5岁 | 5~6岁 |
|---|---|---|
| 1. 主动要求成人讲故事、读图书<br>2. 喜欢跟读韵律感强的儿歌、童谣<br>3. 爱护图书，不乱撕、乱扔 | 1. 反复看自己喜欢的图书<br>2. 喜欢把听过的故事或看过的图书讲给别人听<br>3. 对生活中常见的标识、符号感兴趣，知道它们表示一定的意义 | 1. 专注地阅读图书<br>2. 喜欢与他人一起谈论图书和故事的有关内容<br>3. 对图书和生活情境中的文字符号感兴趣，知道文字表示一定的意义 |

表2-14　具有初步的阅读理解能力

| 3~4岁 | 4~5岁 | 5~6岁 |
|---|---|---|
| 1. 能听懂短小的儿歌或故事<br>2. 会看画面，能根据画面说出图中有什么、发生了什么事等<br>3. 能理解图书上的文字是和画面对应的，是用来表达画面意义的 | 1. 能大体讲出所听故事的主要内容<br>2. 能根据连续画面提供的信息，大致说出故事的情节<br>3. 能随着作品的展开产生喜悦、担忧等相应的情绪反应，体会作品所表达的情绪情感 | 1. 能说出所阅读的幼儿文学作品的主要内容<br>2. 能根据故事的部分情节或图书画面的线索猜想故事情节的发展，或续编、创编故事<br>3. 对看过的图书、听过的故事能说出自己的看法<br>4. 能初步感受文学语言的美 |

表 2-15　具有书面表达的愿望和初步技能

| 3~4 岁 | 4~5 岁 | 5~6 岁 |
| --- | --- | --- |
| 喜欢用涂涂画画表达一定的意思 | 1. 愿意用图画和符号表达自己的愿望和想法<br>2. 在成人提醒下，写写画画时姿势正确 | 1. 愿意用图画和符号表现事物或故事<br>2. 会正确书写自己的名字<br>3. 写写画画时姿势正确 |

## 三、幼儿园语言教育的内容

在语言教育中，要根据幼儿园语言教育目标、幼儿的身心发展特点和学科特性来选择语言教育内容，以更好、更全面地促进幼儿语言的发展。主要通过倾听、表达、欣赏文学作品和早期阅读等活动培养幼儿听、说、读的能力。

### （一）学习说普通话

语言的发展离不开环境，在培养幼儿学说普通话时，应先为幼儿创造好的普通话环境，帮助幼儿熟悉并学说普通话。包括能够正确发音，准确辨音；习惯用普通话交流；具有一定的词汇量，掌握基本的句式表达等；少数民族地区幼儿学习本民族语言。

### （二）提高语言交往能力

为幼儿营造一个和谐自由的交往环境，让幼儿想说、敢说，能够积极主动地与他人进行交流。在语言的实际运用中提高幼儿语言交往能力。包括培养倾听习惯；能够自然大方地与人交流、回答问题；会用普通话的语调讲话，表情自然；掌握谈话、讲述等多种交流形式。

### （三）学习文学作品

通过语言活动帮助幼儿学习文学作品，感受文字魅力，并获得积极的情感体验，以树立正确的世界观、人生观、价值观。包括故事、诗歌、散文、谜语、绕口令等。可以续编、创编、仿编等，让幼儿在理解的基础上记忆、运用。

## （四）开展早期阅读

围绕图书、视频、图片等多种符号，激发幼儿对早期阅读活动的兴趣。包括阅读图书的经验；理解图书内容；理解文字的意义、来源；为书写做好准备工作等。

## （五）在日常生活中渗透语言的学习

日常生活是促进幼儿语言发展的重要途径。包括条理清晰地表达自己的要求，回答他人问题，解决问题；理解并执行他人的指令性语言；能够用礼貌语言与他人交往等。

# 四、幼儿园语言教育活动的设计

## （一）幼儿园语言教育的方法

作为幼儿教师，在提高幼儿语言能力时不仅要了解幼儿语言发展的规律，也要掌握语言教育的方法，以便更加有效地促进幼儿语言的发展。

### 1. 示范法

教师是幼儿的主要模仿对象之一，因此教师的语言一定要标准规范。在语言教育活动中，教师要根据幼儿语言发展的实际情况有针对性地做好语言示范，及时发现并纠正幼儿的语言错误，让幼儿能够更好地学习语言。

### 2. 游戏法

游戏是幼儿最喜欢的活动，利用游戏的形式组织语言活动，不仅可以提高幼儿的学习兴趣，促进语言能力的发展，同时还可以促进幼儿智力的发展。使用游戏法能让幼儿的身心在积极愉快的氛围中得到发展。

### 3. 直接法

直接法即对语言的直接学习与运用。教师利用描述性语言，通过提问等形式，帮助幼儿在语言与事物之间建立联系，并指导幼儿在理解的基础之上发挥语言的创造性，让幼儿在"听、说"的过程中丰富语言知识与经验。

4. 交际法

可以根据幼儿的语言发展需要为他们创设情境，用集体或小组的活动形式，让师幼或幼幼之间进行对话，从实际出发，以便更好地促进幼儿的交际能力。

5. 讲述法

在语言教育活动中，无论是讲解新知识，还是组织具体的语言活动，教师经常会用到讲述法，例如，讲述故事、情境等。

（二）幼儿园语言教育活动的设计

幼儿园语言教育内容需要以具体的活动为载体，包括谈话活动、讲述活动、听说游戏活动、文学作品学习活动、早期阅读活动和综合系列活动。

1. 谈话活动

谈话是培养幼儿学习在一定范围内运用语言与他人进行交流的活动。它重在培养幼儿运用口头语言与他人进行交流，因此在培养幼儿的倾听行为和表述行为方面具有重要作用。谈话活动有自身的特点，包括有一个有趣的中心话题，信息交流环境多元化，交流氛围宽松自由和具有幼儿感兴趣的谈话素材。这些特点使得它在促进幼儿语言发展上具有其他语言活动不能取代的作用。

第一步：创设情境，引出谈话主题。

教师要做好活动开展的准备，利用实物、语言等方式为幼儿创设谈话情境，激发他们对话题的兴趣，让幼儿想说。

第二步：引导幼儿围绕主题自由交谈。

在引出谈话主题之后，教师可以用提问的形式调动幼儿的相关经验，梳理谈话思路，让幼儿能说。幼儿是活动的主体，在这一环节中教师要放手让幼儿去说，让他们积极主动地自由交谈。这时教师要做好观察者，了解幼儿的谈话情况以及谈话水平。

第三步：教师引导幼儿拓展谈话范围。

在了解幼儿谈话水平的基础上，教师可以参与谈话，由浅入深地隐性示范新的谈话经验，如谈话的思路、方式等，以促进幼儿谈话水平的提高。

2. 讲述活动

讲述活动是以培养幼儿语言表述行为为主的活动。具有相对正式的语境、有凭借物、培养独白言语是讲述活动的三个特点。讲述活动在提高幼儿讲述能力、培养幼儿独白言语的同时还可以教会幼儿认识事物的方法，促进幼儿的思维发展。

通常用的讲述方法有：一是看图讲述。讲述中使用图片来帮助幼儿讲述。小班一般为1~2幅图片，中班不宜超过4幅图片，大班不宜超过6幅图片。这些图片既可以是现成的，也可以是半成品或自制图片；二是情境表演讲述。要求幼儿根据情境表演内容的理解来进行讲述。情境表演既可以由教师或幼儿表演，也可以用木偶表演；三是实物讲述。主要通过具体的实物帮助幼儿进行讲述。实物可以是物品、玩具和教具。

第一步：创设情境，了解讲述对象。

具有凭借物是讲述活动的特点之一，所以开展讲述活动的第一步就是让幼儿了解讲述对象。要根据凭借物的特点，有针对性地为幼儿创设情境，帮助他们对凭借物有所认识。例如，在看图讲述活动中，可以通过不同的方式出示图片，以激发幼儿的兴趣。

第二步：幼儿运用已有经验讲述。

在理解凭借物的基础之上，让幼儿围绕着讲述对象自由讲述。由于讲述活动锻炼的是幼儿的独白言语，所以在幼儿讲述前教师要帮助幼儿调动已有经验，说明讲述要求，在幼儿开始讲述后注意倾听与观察，不要打断幼儿。

第三步：教师引进新的讲述经验。

在幼儿自由讲述之后，教师对幼儿的讲述水平已有所了解，这时教师可以通过提问或讨论的方式引进新的讲述思路。

第四步：教师帮助幼儿巩固和迁移新的讲述经验。

教师引进的新的讲述经验对于幼儿而言可以说是理论层次的，在本环节中要将理论与实践相结合，为幼儿提供利用新经验讲述的机会，让幼儿在实际运用中有效地锻炼独白言语，提高口语表达能力。

### 3. 听说游戏活动

有规则游戏包括智力游戏、音乐游戏和体育游戏，听说游戏是智力游戏的一种。听说游戏是采用游戏的方式而开展的语言活动。依据听说游戏对语言发展所起的不同作用可以分为语音游戏、词汇游戏、句子游戏、描述性游戏和故事表演游戏，其目的主要是练习巩固幼儿的发音、丰富扩大词汇量、尝试运用各种句型。听说游戏不仅可以提高幼儿对语言学习的兴趣，还可以提高幼儿的语言能力，促进智力发展。

第一步：创设游戏情境。

教师利用教具、语言等形式为幼儿营造和谐自由的游戏氛围，调动幼儿参与的积极性。

第二步：讲明游戏玩法和规则。

玩法和规则是游戏的重要组成部分，教师只有向幼儿讲解清楚，游戏活动才能够顺利开展。

第三步：引导幼儿游戏。

由于幼儿年龄较小，教师可以直接参与游戏或选择能力强的幼儿先做示范，以确保幼儿明确如何进行游戏。

第四步：幼儿自主游戏。

在全体幼儿熟悉了游戏玩法和规则后便可以组织幼儿自主游戏，这时教师要确保充足的游戏时间，做好观察者，及时帮助指导幼儿，以保证游戏的质量，提高游戏水平。

### 4. 文学作品学习活动

文学作品学习活动是指通过欣赏文学作品来学习语言的活动。它包括围绕故事、诗歌、散文、谜语、绕口令等形式的文学作品而开展的活动，可以让幼儿感受文字的魅力、语言的丰富，还可以培养幼儿的积极情感，树立正确的人生观和价值观，促进幼儿想象力的发展。

第一步：创设情境，引出文学作品。

文学作品是文学作品活动的基本内容，根据作品的特点，教师可以利用多媒体、表演等形式引出文学作品，调动幼儿学习文学作品的积极性。

第二步：多种形式展现文学作品。

由于幼儿的识字能力有限，文学作品以幼儿的"听"为主，教师可以通过诵读、录音等形式为幼儿展现作品。在这一环节中教师要用充满感情的语言准确地为幼儿诵读文学作品，同时可以适当利用多媒体、教具等，以免幼儿注意力分散。

第三步：理解文学作品。

文学作品内容积极向上，语言生动优美，教师可以通过三层次提问，即描述性提问（是什么）、思考性提问（为什么）、假设性提问（怎么样）帮助幼儿理解文学作品，感受作品的文字魅力，体会作品中的积极情感。

第四步：迁移文学作品经验。

在充分理解文学作品的基础上，可以开展续编、创编等相关的主题活动，在促进幼儿语言能力发展的同时发展他们的想象力。

### 5. 早期阅读活动

早期阅读活动是培养幼儿学习书面语言的活动。早期阅读活动包括图书阅读经验、识字经验和书写经验。早期阅读教育重在培养阅读能力，而人的阅读能力不是天生的，3~8岁是阅读能力形成的关键期，要把握其发展规律，以更好地为幼儿创设书面语言的学习环境，促进其完整语言的发展。

第一步：创设阅读情境，引出阅读内容。

教师可以利用区域、多媒体、图片、语言等形式调动幼儿的阅读兴趣，自然而然地引出本次活动的阅读内容。

第二步：幼儿自主阅读。

教师要为幼儿提供自主阅读的机会，让幼儿在教师的指导下完整地阅读活动内容，对阅读对象有所认识。

第三步：与幼儿一起阅读交流。

在幼儿自主阅读之后，教师可以与幼儿一起阅读，在集体讨论或小组活动中，进一步帮助幼儿理解阅读内容。

第四步：迁移阅读经验。

早期阅读的内容来源于生活，也要应用到生活中去。要鼓励幼儿善于在生活中发现阅读内容，不断提高自己的阅读能力。

6. 综合系列活动

幼儿园教育活动可划分为五大领域，它们之间是相互渗透的，因此在设计幼儿园语言教育活动时要考虑到领域的整合。

在围绕一个主题设计一系列活动时，不仅要参照一般活动过程的设计步骤，还要考虑本领域活动的特点。

## 五、组织语言活动对教师的要求

了解幼儿语言发展的特点，准确把握不同年龄班语言教育的重点。教师要尊重来自不同语言环境的幼儿，耐心、认真地倾听他们的表述，热情关心、平等对待不同语言表达能力的幼儿。教师应具有比较强的口语表达能力和比较准确的普通话语音和语调，教师自身的语言要做到规范、亲切、文明、生动，其语速、音量适宜幼儿。教师要储备一定数量的不同年龄班幼儿常见的儿歌、谜语、绕口令、诗歌、故事等文学作品，适宜地开展各种语言教育活动。教师要为幼儿创设畅所欲言、轻松愉快的语言环境，使他们想说、敢说、有机会说，要有意识地利用各种活动，丰富、发展幼儿的语言能力；并为他们准备丰富的适合阅读的图书，书写材料等。

## 第三节　幼儿园社会活动设计

人是生活在一定的社会环境中的。幼儿一出生就开始接触周围社会，幼儿入园后在一个新的群体中生活，需要学习遵守社会规则，使其行为符合其所处的集体环境和社会环境，积极适应幼儿园的共同生活和社会生活，并逐渐从一个自然人向一个社会人转变。社会化过程伴随着人的一生，幼儿阶段的社会性发展和社会化水平会深深地、长远地影响着幼儿将来的社会生活和学习工作。

幼儿的社会教育是教师按照国家的教育目标和一定的社会价值取向，针对不同年龄幼儿的发展特点，通过有目的、有计划、有组织地实施教育影响，以发展幼儿的社会认知、社会情感和社会行为的教育。

作为一名幼儿园教师，只有了解学前儿童社会发展的特点，才能更好地促进其社会性的发展，进而促进学前儿童的全面发展。

### 一、幼儿社会认识发展的特点

（一）小班（3~4岁）幼儿社会认识的发展

具有初步对社会规则、行为规范的认识，能做最直接、简单的道德判断。喜欢与人交往，有了与其他幼儿一起活动的愿望。对父母有着很强烈的情感依恋，对经常接触的人也能形成亲近的情感。他们的自我意识开始出现，能区分"你""我""他"，但不会区分自己和他人的需求。他们的情感、行为的冲动性强，自制力差，往往不能与人友好合作，常发生纠纷，需要成人的帮助和指导。

## （二）中班（4~5岁）幼儿社会认识的发展

幼儿社会认知能力明显提高，懂得更多的社会规则、行为规范。能关心他人的情感反应，出现最初步的关系、同情反应，友好、助人、合作行为明显增多。在自我意识方面，他们开始能体验到自己的心理活动、情绪情感和行为反应，能以他人的要求调控自己的行为，自制能力开始发展。

## （三）大班（5~6岁）幼儿认识的发展

在良好的环境、教育影响下，能形成初步的品德行为，发展行为的内在调控系统，并且在与同伴交往中实践、练习着各种积极的交往方式，运用、掌握着为社会和他人许可的社会行为，发展着社会交往能力与适应能力。

他们能进一步意识到并开始理解他人有不同于自己的情感和需要，重视成人、同伴对自己的评价，希望被同伴群体接纳，并开始自觉、有意地控制自己的情绪和行为。

模仿是幼儿社会学习的重要方式。通过模仿，幼儿可以体验并理解基本的社会行为规则，既可以获得良好的行为习惯，也可以了解到不良行为应该如何去改变。

总之，幼儿社会性的发展是在社会环境的影响下，在与周围的人的交往中逐步实现的。幼儿的社会认知和社会性行为必须经过体验、内化才能真正形成。幼儿社会性发展水平往往决定着他们将来能否积极地适应各种社会环境，它对幼儿的一生都有重要影响。

# 二、幼儿社会教育的目标

幼儿社会教育目标是幼儿园教育总目标的重要组成部分，它指出了幼儿社会教育活动使幼儿的社会性发展所达到的预期效果。不同年龄班幼儿社会教育的目标如下表（见表2-16）。

### 表2-16　不同年龄班幼儿社会教育的目标

| 项目 | 目标 | 3~4岁 | 4~5岁 | 5~6岁 |
|---|---|---|---|---|
| 人际交往 | 愿意与人交往 | 1. 愿意和小朋友一起游戏<br>2. 愿意和熟悉的长辈一起活动 | 1. 喜欢和小朋友一起游戏，有经常一起玩的小伙伴<br>2. 喜欢和长辈交谈，有事愿意告诉长辈 | 1. 有自己的好朋友，也喜欢结交新朋友<br>2. 有问题愿意向别人请教<br>3. 有高兴的或有趣的事愿意与大家分享能与同伴友好相处 |
| | 能与同伴友好相处 | 1. 想加入同伴的游戏时，能友好地提出请求<br>2. 在成人指导下，不争抢、不独霸玩具<br>3. 与同伴发生冲突时，能听从成人的劝解 | 1. 会运用介绍自己、交换玩具等简单技巧加入同伴游戏<br>2. 对大家都喜欢的东西能轮流分享<br>3. 与同伴发生冲突时，能在他人帮助下和平解决<br>4. 活动时愿意接受同伴的意见和建议<br>5. 不欺负弱小 | 1. 能想办法吸引同伴和自己一起游戏<br>2. 活动时能和同伴分工合作，遇到困难能一起克服<br>3. 与同伴发生冲突时能自己协商解决<br>4. 知道别人的想法有时和自己不一样，能倾听和接受别人的意见，不能接受时会说明理由<br>5. 不欺负别人，也不允许别人欺负自己，具有自尊、自信、自主的表现 |
| | 具有自尊、自信、自主的表现 | 1. 能根据自己的兴趣选择游戏或其他活动<br>2. 为自己的好行为或活动成果感到高兴<br>3. 自己能做的事情愿意自己做<br>4. 喜欢承担一些小任务 | 1. 能按自己的想法进行游戏或其他活动<br>2. 知道自己的一些优点和长处，并对此感到满意<br>3. 自己的事情尽量自己做，不愿意依赖别人<br>4. 敢于尝试有一定难度的活动和任务 | 1. 能主动发起活动或在活动中出主意、想办法<br>2. 做了好事或取得了成功后还想做得更好<br>3. 自己的事情自己做，不会的愿意学<br>4. 主动承担任务，遇到困难能够坚持而不轻易求助<br>5. 与别人的看法不同时，敢于坚持自己的意见并说明理由，关心尊重他人 |
| | 关心尊重他人 | 1. 长辈讲话时能认真听，并能听从长辈的要求<br>2. 身边的人生病或不开心时表示同情<br>3. 在提醒下能做到不打扰别人 | 1. 会用礼貌的方式向长辈表达自己的要求和想法<br>2. 能注意到别人的情绪，并有关心、体贴的表现<br>3. 知道父母的职业，能体会到父母为养育自己所付出的辛劳 | 1. 能有礼貌地与人交往<br>2. 能关注别人的情绪和需要，并给予力所能及的帮助<br>3. 尊重为大家提供服务的人，珍惜他们的劳动成果<br>4. 接纳、尊重与自己的生活方式或习惯不同的人 |

续表

| 项目 | 目标 | 3~4岁 | 4~5岁 | 5~6岁 |
|---|---|---|---|---|
| 社会适应 | 喜欢并适应群体生活 | 1. 对群体生活有兴趣<br>2. 对幼儿园的生活好奇，喜欢上幼儿园 | 1. 愿意并主动参加群体活动<br>2. 愿意与家长一起参加社区的一些群体活动 | 1. 在群体活动中积极、快乐<br>2. 对小学生活有好奇和向往 |
| | 遵守基本的社会行为规范 | 1. 在成人提醒下，能遵守游戏和公共场所的规则<br>2. 知道不经允许不能拿别人的东西，借别人的东西要归还<br>3. 在成人的提醒下，爱护玩具和其他物品 | 1. 感受规则的意义，并能基本遵守规则<br>2. 不私自拿不属于自己的东西<br>3. 知道说谎是不对的<br>4. 知道接受了的任务要努力完成<br>5. 在成人提醒下，能节约粮食、水电等 | 1. 理解规则的意义，能与同伴协商制定游戏和活动规则<br>2. 爱惜物品，用别人的东西时也知道爱护<br>3. 做了错事敢于承认，不说谎<br>4. 能认真负责地完成自己所接受的任务<br>5. 爱护身边的环境，注意节约资源 |
| | 适应具有初步的归属感 | 1. 知道和自己一起生活的家庭成员及与自己的关系，体会到自己是家庭的一员<br>2. 能感受到家庭生活的温暖，爱父母，亲近与信赖长辈<br>3. 能说出自己家所在街道、小区（乡镇、村）的名称<br>4. 认识国旗，知道国歌 | 1. 喜欢自己所在的幼儿园和班级，积极参加集体活动<br>2. 能说出自己家所在地的省、市、县（区）名称，知道当地有代表性的物产或景观<br>3. 知道自己是中国人<br>4. 奏国歌、升国旗时能自动站好 | 1. 愿意为集体做事，为集体的成绩感到高兴<br>2. 能感受到家乡的发展变化并为此感到高兴<br>3. 知道自己的民族，知道中国是一个多民族的大家庭，各民族之间要互相尊重，团结友爱<br>4. 知道国家一些重大成就，爱祖国，为自己是中国人感到自豪 |

## 三、幼儿社会教育活动的内容

幼儿社会教育活动的内容是幼儿在社会领域学习的主要内容，是实现幼儿社会领域教育目标的载体。根据幼儿园社会教育的总目标，可以将幼儿社会教育的内容分为四点：一是形成良好的人际关系。主要包括在交往活动中要做到礼貌、友好、谦让、合作、分享、尊重等；能主动帮助同伴、老人和残疾人等；了解父母亲人、教师、同伴及其他人，同情、关心、热爱他们；使幼儿了解、关心自己的集体。二是爱护自然环境，适应社会环境。了解并熟悉幼儿园、家庭等周围的环境；初步了解社会民族风俗习惯，我国传统文化等；初步掌握一些基本的生活能力，能做一些力所能及的事，具备一定的自我保护意识；初步培养幼儿具有一定的社会责任感；培养幼儿爱护环境，提高幼儿的环保意识和节约意识。三是遵守社会行为规范，养成良好的生活习惯。包括在学习活动中学习遵守规则；有爱劳动、爱清洁的习惯；遵守公共秩序和相应的规则；养成良好的卫生习惯；学会爱护公物，保护环境等。四是加强对自己和他人的认识，理解不同人的态度、情感、行为，培养幼儿的自信心、自尊心及自我控制的应变能力。

## 四、幼儿社会教育活动的设计

### （一）幼儿社会教育活动的设计步骤

幼儿社会教育的目标和内容是通过具体的社会教育活动来实现的。要组织好每一个具体的社会教育活动，应先设计好活动的具体方案，一个完整的社会教育活动方案一般包括活动名称、活动目标、活动准备、活动过程、活动延伸、活动评价六个方面。

1. 活动名称

活动名称即一次具体的社会教育活动的名字。在活动名称的设计上要通过活动名称能大致了解本次社会教育活动的主要内容和发展目标，如"国庆节"。在名称的命名上要注意尽量符合幼儿化的特点。如"有趣的筷子""妈妈您辛苦啦"等活动名称。书写内容要规范、完整。一个完整的社会教育活动名称应包括活动类型、年龄班、具体内容。例如，小班社会教育活动"好听的名字"，或者也可以表述为社会教育活动"好听的名字"（小班）。

2. 活动目标

活动目标是进行教育活动预期的结果，即具体活动所要达到的目的，是整个社会教育活动的出发点和归宿，它不仅指导着活动的展开，也是检验活动效果的重要指标。一般包括知识目标、情感态度目标和能力目标三个维度。目标的制定一定要切合实际，符合本班儿童的发展水平；目标的表述要具体明确、重点突出，具有较强的可操作性。

3. 活动准备

活动的准备主要包括物质准备和幼儿的知识经验准备。物质方面的准备如各种电教设备、玩具、操作材料等。知识经验方面的准备即需要幼儿事先有一定的认识、知识方面的基础，如"我的妈妈多辛苦"这一活动，需要幼儿在活动之前在家里观察妈妈的劳动情况。

4. 活动过程

社会教育活动的过程按照一般活动的进行顺序，一般包括开始部分、基本部分、结束部分。

（1）开始部分

开始部分是社会教育活动的第一步，主要是激发幼儿参与活动的兴趣，充分调动幼儿活动的积极性。教师一般可以以提问谈话、讲故事、猜谜语、讲述图片、观赏录像、情境表演、操作玩具、游戏活动等方式开始教育活动。一般情况下，开始部分的时间一般控制在3～5分钟，不超过10分钟。如"我的好伙伴"的开始部分是放《好朋友》的音乐游戏录音，幼儿在找朋友的游戏中进入活动。

（2）基本部分

基本部分是幼儿社会教育活动的主体环节，教师引导幼儿进行活动的大部分时间应放在这一部分。这一部分要设计好活动的层次结构，明确活动大致分几个环节（或步骤）来进行，每一个环节要完成什么任务等。

（3）结束部分

结束部分可以在音乐、讨论、游戏等活动中自然结束，也可以以小结评价的方式结束活动。

5. 活动延伸

当组织的社会活动结束后，教师可以继续设计一些与此相关的辅助活动，使教育内容渗透到幼儿的日常生活中。幼儿社会教育活动延伸的方式多种多样。有游戏的方式、区角活动的方式、表演的方式、领域渗透的方式、家园社区共育的方式、成果展览的方式等。

6. 活动评价

活动评价主要是做好教学反思或小结。

## （二）幼儿社会教育活动设计的方法

学前儿童社会教育活动由教育目标、教育内容、教育环境、教育方法等因素构成。教育方法是为了完成教育任务而对儿童施加教育影响所采取的措施和手段。在幼儿社会教育活动中，只有选择恰当的教育方法，才能使幼儿社会教育活动得以顺利开展，才能实现幼儿社会教育活动的目标，取得良好的社会教育效果。由于幼儿社会教育内容的广泛性，教育过程又是一个多种因素影响的发展过程，因而幼儿社会教育的方法具有自身的特殊性和多样性的特点。

1. 幼儿社会教育的一般方法

（1）讲解法

讲解法是教师以口头语言的方式向幼儿解释或阐释社会教育内容的一种方法。在幼儿的社会教育中，讲解法是最经常使用的一种方法。在运用讲解法时，教师一定要注意讲解的实用性；要符合幼儿的思维特点，注意讲解的直观形象性；还要注意讲解的方式要灵活多样。

（2）谈话法

谈话法是在幼儿社会教育中，师生通过对话的方式对幼儿进行社会教育的一种方法。谈话法花费的时间比较多，也需要幼儿有一定的知识准备，因此，教师在运用谈话法时要注意：在重点任务处采用谈话法；谈话的内容应考虑到幼儿的知识经验；谈话中的问题要具体明确；谈话要能引发幼儿的思考；谈话的最后要做好总结。

（3）讨论法

讨论法是在幼儿社会教育中，幼儿在教师的指导下就某些社会问题、现象相互启发，交换看法，以获取知识的一种教育方法。

（4）观察演示法

观察演示法是在幼儿社会教育中，教师通过演示实物、图片等可以被幼儿感知的材料，使幼儿通过观察获得相应的社会知识、社会情感及社会行为的教育方法。在观察、演示过程中要有目的性和针对性，观察、演示前也要做好充分的准备。

（5）参观法

参观法是在幼儿社会教育中，教师组织幼儿到学前教育机构外学习的一种社会教育方法。它是引导幼儿认识社会的主要方法。在参观时，教师一定要精心组织并适时指导幼儿观察社会生活，以培养积极的社会情感、获取丰富的社会认知，形成良好的社会行为。

（6）行为练习法

行为练习法是在幼儿社会教育中，教师组织幼儿按正确的社会行为规范自己，通过实际锻炼，以形成良好的社会行为习惯的方法。这种方法是形成和巩固幼儿社会行为最有效的方法。

（7）强化评价法

强化评价法是在幼儿社会教育中，通过对幼儿社会行为的评价进而对幼儿实施社会教育的一种方法。如对幼儿良好的行为表现给予表扬、鼓励、奖励等肯定性评价，使幼儿相应地形成良好的社会行为；对幼儿不良的行为给予警告、规劝、批评、惩戒等否定性评价，以纠正幼儿的不良行为。

2. 幼儿社会教育的特殊方法

（1）陶冶熏陶法

陶冶熏陶法是利用环境条件、生活气氛及教师本身的言行举止对幼儿进行积极感化、熏陶，发挥潜移默化的影响的教育方法。如通过优美的自然环境陶冶幼儿的情操，使幼儿发现自然当中的美；创设良好的班风，使每个幼儿能够积极向上；还可以通过艺术的形式感染幼儿。

（2）移情训练法

移情训练法是通过幼儿对现实事件、情景表演等方式，引导幼儿理解和分享他人的情绪、情感体验，从而产生共鸣的训练方法。例如，一个幼儿的母亲会同情、怜悯别人,当幼儿遇到他人苦恼的情境时,她会对伤害事件进行有感情的说明,帮助幼儿理解自己的行为与他人烦恼的关系。

(3) 角色扮演法

角色扮演法是创设现实社会中的某些情景,让幼儿扮演一定的社会角色,从而掌握该角色应有的社会行为规范和要求的一种方法。如"娃娃家"中,幼儿扮演生活中爸爸妈妈的角色,以游戏的方式做爸爸妈妈日常所做的一些事情。

(4) 价值澄清法

价值澄清法是让幼儿在活动中直接思考一些价值选择的途径,使他们对社会活动和周围人产生积极的态度,然后付诸外部行动的方法。

(5) 观察学习法

观察学习法是指幼儿通过模仿或观察学习而直接学习社会行为的方法。这种学习强调幼儿的主体作用。

## 五、组织幼儿社会活动对教师的要求

教师要充分了解幼儿社会性发展的特点以及每个幼儿的个性特征,及其影响幼儿个性发展的诸方面因素。注意教师自身行为的榜样作用,加强自身品德和心理修养。注意自己的言行举止对幼儿潜移默化的影响。为幼儿营造和谐、平等、友善的人际环境,为幼儿提供与伙伴、环境充分交往的机会。抓住日常生活中的教育契机,注意幼儿的交往行为、技能,并要给予具体的指导。关注家庭教育,善于发挥良好家庭教育的榜样作用。适度影响不良的家庭教育,借助幼儿的健康行为影响家长,进而转变家长的行为。增强对社会焦点问题、突发事件的关注,观察并理解问题的本质,坚持正确的观点,弘扬正能量,给幼儿以科学的指导。

# 第三章 幼儿园科学与艺术领域活动设计

## 第一节 幼儿园科学领域活动设计

### 一、幼儿科学教育的目标、内容、方法

幼儿科学教育是有目的、有计划的教育活动。科学教育活动把幼儿对自身和周围环境的探索纳入其中，科学教育能够丰富幼儿的科学经验，帮助幼儿获取科学知识、提高科学技能，是全面教育不可缺少的一部分。

（一）幼儿科学教育的目标

幼儿科学教育目标是根据幼儿教育的总目标、结合科学教育的特点确立的，是幼儿教育总目标在科学教育中的具体体现。幼儿科学目标的确立要考虑幼儿身心发展的规律和特点，要体现自然科学的特点。

1. 幼儿科学教育的总目标

学前儿童科学领域教育包括科学和数学两方面目标和内容，具体如下：一是对周围的事物、现象感兴趣，有好奇心和求知欲。二是能运用各种感官，动手动脑，探究问题。三是能用适当的方式表达、交流探索的过程和结果。四是能从生活和游戏中感受事物的数量关系并体验到数学的重要性和趣味性。五是爱护动植物，关心周围环境，亲近大自然，珍惜自然资源，有初步的环保意识。在这五条目标中，其中第四条是关于数学方面的目标。

## 2. 幼儿科学教育的年龄阶段目标

科学领域内容可分为科学探究和数学认知两个方面，根据幼儿的年龄特点提出了具体的要求。其中关于科学探究的目标包括：亲近自然，喜欢探究。具有初步的探究能力。在探究中认识周围事物和现象。

## 3. 幼儿科学教育的分类目标

幼儿科学教育的分类目标是指教育目标的组合构成，是从幼儿科学教育总目标中横向分解出来的。幼儿科学教育的总目标是培养具有科学素养的人，因此，科学素养的划分就成为确立幼儿科学教育目标的主要依据。根据幼儿身心发展的特点，幼儿科学教育的分类目标可以分为科学情感态度教育目标、科学方法教育目标、科学知识教育目标三个方面。

（1）科学情感态度教育目标

科学领域涉及科学情感和态度方面的目标主要有"有好奇心，能发现周围环境中有趣的事情""喜爱动植物，亲近大自然，关心周围的生活环境"。关于情感和态度的目标有"亲近自然，喜欢探究"。

科学需要好奇心。科学最能吸引幼儿的好奇心，而幼儿天生就具有好奇心，他们对周围世界的一切事物都充满好奇，喜欢刨根问底，常常表现为对周围一些事物和现象的注意，并提出问题，拥有操作、摆弄等行为倾向。好奇心是幼儿学习取得成功的先决条件，并在幼儿形成积极的学习态度方面起着决定性作用。幼儿最初的科学兴趣就是和好奇心联系在一起的，它是一种积极的情感体验，是学习科学的强大动力。幼儿的兴趣源于好奇心，所以应保护幼儿的好奇心，使幼儿从对事物的外在、表面感兴趣发展为对科学的理智认识。

大自然是人类赖以生存的环境。幼儿对周围世界的认识从大自然开始，教师应引导幼儿发现自然界中的美，学会欣赏大自然，逐渐发现和感受自然界的奇妙和美好，感受和体验到人与自然及动植物之间的依存关系。在学习科学的过程中，要培养幼儿积极的情感体验，培养幼儿从对身边的小花、小草的喜欢，对小鸟、小鱼的热爱，逐步发展为爱护自然、珍爱生命的情感和态度。

（2）科学方法教育目标

科学领域涉及科学方法和技能方面的目标主要有"喜欢观察，乐于动手动脑，发现和解决问题""愿意与同伴共同探究，能用适当的方式表达各自的发现，并相互交流"。关于科学方法和技能的目标有"具有初步的探究能力"。

科学的一个重要特征就是方法和过程的科学性。科学方法的实质在于探究问题，而科学探究是一个完整的过程。科学方法就是在探究的过程中用于解决科学问题的手段。对幼儿进行科学方法的培养是十分必要的。

（3）科学知识教育目标

幼儿的科学教育，不是幼儿掌握多少科学知识，而是强调幼儿对科学实践过程的认识，强调获得粗浅的科学经验。幼儿科学经验包括幼儿对事物形状特征的感性认识，对科学现象的简单理解。幼儿不断地与周围环境接触，在他们的头脑中就储存了丰富的信息，留下了生动的表象。这些信息和表象就是幼儿获得的粗浅的科学经验。幼儿粗浅的科学经验是幼儿学习科学的基础，也是幼儿今后学习科学概念和科学定义的基础。

## （二）幼儿科学教育的内容

在幼儿科学教育中，教育内容大致可以分为四个方面：一是生命科学，包括认识动物和植物，以及生活环境的内容；二是地球科学，包括认识地球物质（沙、石、土、水、空气等）、天气、气候和季节现象的内容；三是物理科学，包括认识常见物理和化学现象的内容；四是技术及科技产品，包括了解技术和常见科技产品、学习使用简单工具等内容。幼儿科学教育活动内容要从幼儿身边、生活中取材，要"引导幼儿注意身边常见的科学现象"。这样不仅有益于保持幼儿的好奇心，激发幼儿的探究热情，而且有益于幼儿真正理解科学、热爱科学，感到"科学并不遥远，科学就在身边"。

1. 观察和认识动物、植物

幼儿生活在自然环境中，对大自然有天生的好奇，应该为幼儿提供足够的机会接触自然界中的动植物，引导幼儿观察、认识或照顾动植物；知道植物是多种多样的，获得植物生长过程的经验；观察植物与季节之间的关系；了解各种动物不同的外部特征和生活习性，知道动物有许多种；知道动物是有生命的，培养幼儿对生命的珍爱；了解植物与动物之间、动物与动物之间、动植物与人类之间的关系，知道人与动植物之间的和谐关系。例如，植物、动物、种子与繁殖、繁殖与哺育、成长变化、对人类的功用等。这些内容能让幼儿感受到自然界的奇妙和动植物顽强的生命力，培养幼儿对自然的好奇心、观察力、探究能力等，增进幼儿与动植物之间的感情。

2. 探索自然现象和非生物的性质

在人们生活的世界中，自然现象无时不有。日、月、星、辰、风、雨、雷、电、春、夏、秋、冬等等，循环反复，变化无穷。幼儿对这些自然现象有着无穷的猜想。科学教育的内容应该唤起幼儿对这些自然现象的探索。例如，幼儿常见的季节变化、气象变化；引导幼儿观察天体的外部特征及其与人类的关系；比较人类居住的地球与其他天体的区别等。

非生物是幼儿接触比较多的，自然界中的沙、石、土壤、阳光、空气、水等都与幼儿有着密切的关系。教育者要善于利用幼儿生活和周围环境中的事件，对幼儿进行教育。例如，认识沙、石、土的不同性质与用途，感知它们与动植物及人类的关系；探索与空气、阳光、水有关的现象，体验这些物质存在的重要性。另外，生态环境、环境要素、环境污染、环境保护等内容也可以成为幼儿科学教育的内容。

3. 操作各种材料，在操作中发现事物之间的关系

幼儿的生活中有各种各样的活动材料，并且经常用这些材料来进行

游戏。教育者应该有目的地为幼儿提供可操作的材料,让幼儿在游戏中运用,以便幼儿在操作材料的过程中,感知事物之间的关系,引发幼儿进行探究的欲望。例如,通过实验探索重力、摩擦力、浮力、弹力等;通过实验探索声音的传播、光和影子的关系;通过操作光学仪器,探索光的反射和折射现象等。幼儿探究这些现象在不同条件下的变化及其产生变化的原因,可感受到自然界的奇妙无穷和探索发现的乐趣。

4. 体验科学技术及其对人类的影响

随着科学技术向社会生活的日益渗透,幼儿在生活中无时无刻不在接触科学技术,幼儿的衣、食、住、行都与现代生活密切相关。教育者应该鼓励幼儿多关注生活中的科技产品,了解科技产品在生活中的应用,感受科技进步在带给人类生活便利的同时也可能带来许多污染。例如,认识家用电器及其用途;了解现代通信工具;知道现代交通工具;了解现代农业;认识各种现代化道路;了解科学技术是不断发展的,科学家对于科技的发展做出了巨大贡献;初步了解科技在提高人类生活质量的同时,也给人类带来了污染。

5. 掌握科学方法

科学方法是幼儿进行科学活动的基础,幼儿运用这些方法可以更好地进行科学活动,所以科学教育内容包括对幼儿进行科学方法的培养。科学方法主要有观察法、比较法、实验法、分类法、信息交流等。

学前儿童科学教育的内容很多,教育建议更是为学前儿童科学教育的内容选编提供了可操作性的指导。幼儿教师可以结合实际情况和幼儿的知识经验,有目的地选择幼儿身边常见的科学内容。我国地域辽阔,南北方差异比较大,所以选择的学前儿童科学教育内容要与当地的实际情况相结合,应该是幼儿身边的、幼儿常见的。

(三)幼儿科学教育的方法

幼儿科学教育的方法首先是指教师为完成科学教育任务、实现科学教育目标而采取的具体方法和手段;其次是指幼儿学习科学的方法和途径，教师教的方法和幼儿学的方法是统一的。

### 1. 观察法

观察法是幼儿园科学活动最常用的方法，并且是其他科学方法运用的基础。观察法可以使幼儿在直接接触事物的过程中，运用多种感官直观、生动、具体地认识事物，提高幼儿感官的综合活动能力，也可以培养幼儿用感官探索周围环境的习惯，并为发展幼儿的抽象思维能力、形成概念能力提供丰富的感性经验。观察法可以分为物体观察、现象观察、户外观察、长期系统性观察四种类型。

（1）物体观察

物体观察包括个别物体观察、间或性观察、比较性观察等。在物体观察中，教师可引导幼儿在观察的基础上进行表达和交流，引导幼儿认识物体的显著特征，或比较物体间的共同点和不同点，或总结物体间的共同属性。

个别物体观察是指对单个物体进行观察。幼儿通过有目的地运用感官与观察物体接触，了解物体的外形、特征属性等。对个别物体的观察是最基本的观察技能，在幼儿园的各年龄班都可以进行。

间或性观察是指间隔一定时间的观察，即带领幼儿观察某一种事物，每次都在原来观察的基础上进一步观察，以加深对观察物体的认识。间或性观察是互相联系、互相制约的。间或性观察可以在各年龄班进行，但是一般在大班进行得比较多。例如，对于小白兔的观察，第一次可以进行个别物体观察，主要观察小白兔的主要特征：长耳朵、红眼睛、白皮毛等。间隔一段时间后进行第二次观察，在原来观察的基础上，发现比较隐蔽的主要特征：三瓣嘴、前腿短、后腿长等。

比较性观察是指幼儿同时对两种或两种以上的物体进行比较，并找出物体间的异同点。幼儿在观察过程中，通过比较、判断、思考，比较完整地认识事物。比较性观察要求对事物进行比较分析，需要进行较复杂的认知活动，所以不适合在小班进行。中班幼儿可以比较物体明显的不同点。大班幼儿不仅可以比较物体的不同点和相同点,还可以在此基础上进行分类,从而促进幼儿分类能力的发展和概念的形成。

(2) 现象观察

现象观察是指观察在一定时间内事物的变化、发展,重点在于观察变化的发生。教师可以将观察、指导和交流同时进行,激发幼儿探索的欲望。教师可在现象观察之后,引导幼儿对观察到的现象进行讨论、总结,找出同类现象的共同点。现象观察中比较好观察的是自然界的雨、雾等,不容易观察的是溶解等。

(3) 户外观察

户外观察是指在实地进行的观察,一般与散步、参观等活动相结合。户外观察既有物体观察又有现象观察。户外观察的优点在于贴近生活、便于理解,可以观察在课堂上不容易展示的事物或看不到的现象。例如,城市的楼房、秋天的景色等等。由于户外活动时,幼儿比较分散、难以组织,所以教师在这类活动中要尽可能采用分组教学,在设计的活动环节中减少集中指导,注重个别指导。回到课堂后,教师要注意让幼儿谈论感受,与其他幼儿分享。

(4) 长期系统性观察

长期系统性观察是指幼儿在较长的时间内持续地对某一种物体或现象进行系统的观察,对其质和量两方面的发展变化过程有较完整的认识。幼儿科学教育中的长期系统性观察主要用于观察动物和植物的生长过程,以及气象的变化,以帮助幼儿直观地了解自然界各种因素间的相互关系、因果关系和自然界的发展规律。长期系统性观察对幼儿的知识经验、认知水平要求较高,一般在中班才开始采用这种观察形式,主要在大班进行。

2. 科学小实验

科学小实验是在教师创设的特定条件下进行的,是一种验证性实验。实验内容包括:物理实验、化学实验、植物实验、动物实验。科学小实验可以帮助幼儿理解一些简单的科学现象和知识，培养幼儿的科学兴趣和求知欲望，可以弥补在自然条件下观察的局限性。科学小实验可以分为教师演示实验和幼儿操作实验两种类型。

(1) 教师演示实验

教师演示实验是指由教师操作实验的全过程，幼儿进行观察。这种实验的内容一般难度比较大，幼儿操作困难。通常，化学实验都由教师演示操作完成；或者是仪器、设备条件不足时，也由教师演示完成。在小班的实验操作教育活动中，多数是由教师演示完成的。根据具体情况不同，也可以由教师先操作演示、幼儿观察，然后教师提出问题、幼儿思考，最后幼儿自己进行实验。这种方式是幼儿实验前的示范。

(2) 幼儿操作实验

幼儿操作实验是由幼儿自己动手操作并参与实验的全过程，主要用于操作简单、带有游戏性质的实验。这种实验由于幼儿自己动手操作，在操作过程中，幼儿可以反复摆弄材料、多次尝试，充分观察实验过程中的现象和变化，满足幼儿好奇心，所以幼儿的积极性很高。例如，磁铁吸铁的实验。幼儿可以用磁铁吸纸张、木头等，观察其结果，然后再吸回形针、铁制的文具盒等。

3. 分类和测量

在学前儿童学习科学的过程中，分类和测量既是一种技能，也是一种方法。分类能帮助学前儿童对周围世界进行抽象概括，有助于学前儿童探索事物之间的关系。测量是人们生活中精确交换信息的一个重要方面。一般来说，测量方法的运用晚于分类方法的运用。在科学教育中，学前儿童学习在比较现象或物体特征的相同和相异的基础上，按物体的外部特征或用途分类；学习分类的标准或属性；初步知道通过测量可以获取量化的信息。

4. 探究

探究是指思维的过程。思维是认识的高级阶段，是智力的核心。思维反映的是事物的本质属性和内部规律性。在科学教育过程中，学前儿童在获得大量感性经验的基础上，有意识地发展思维能力。学前儿童的思维以具体形象性思维为主，要引导他们在具体形象和表象的基础上，探究事物之间的联系和因果关系。

5. 劳动

这里的劳动是指与科学教育有关的劳动。通过劳动进行科学教育，不仅有利于激发幼儿热爱科学的兴趣与情感，而且能促进幼儿认知能力的发展，并学会一些简单的劳动技能，培养幼儿手脑并用的能力。

幼儿园的劳动可分为常见植物的栽培管理、常见动物的饲养管理、科学小制作、协助成人的辅助劳动等类型。

种植与饲养是幼儿园科学教育活动之一，是实践操作活动，也是幼儿喜欢的活动。种植是栽培植物，是指幼儿在园地、自然角种植花卉、蔬菜或农作物等的活动。饲养是饲养动物，是指在饲养角里喂养和照管习性温顺的动物的活动。通过种植、饲养活动，幼儿在对对象进行观察、分类、比较、记录等过程中，发展认知能力，学习一些简单的劳动技能，手脑并用的能力也会有所发展。

以上几种教育方法是幼儿园中最常用的方法，为其他教育方法的实施奠定了基础。幼儿园中常见的科学教育方法还有信息交流法、游戏法、早期科学阅读等。幼儿科学教育的方法是多元的，按照不同的角度，教育方法可划分为不同的类型。

## 二、幼儿科学教育活动的设计与指导

### （一）观察认识教育活动的设计

观察认识教育活动是幼儿园科学教育活动的一种类型，是以观察的方法为主要认知手段，通过教师有目的、有计划地组织幼儿利用各种感官，去感知客观事物、现象的特征，并在此基础上逐步形成概念的一种科学启蒙教育活动。幼儿园观察认识教育活动一般都是预定性的科学教育活动。活动目标是活动预期要达到的目的，它是每一项活动的核心，应贯穿活动的始终。观察认识教育活动的目标主要由三方面组成，即科学知识、科学方法、科学情感态度。科学知识是指科学经验的获得、初级概念的学习，幼儿通过观察掌握事物的外形特征，形成初级的科学概念；科学方法是指在观察活动中，哪些能力得到发展，形成哪些技能，学习哪些方法。观察认识活动一般以集体教学形式为主，教师要保证每一个幼儿都参与活动。

1. 对观察认识教育活动材料的要求

活动材料的准备是观察认识教育活动的重要环节，直接影响活动过程和活动目标的实现。观察认识教育活动所需的材料和环境是幼儿科学教育的外部条件之一，是为幼儿主动建构的重要信息桥梁。这些材料决定幼儿通过互动，会获得哪些经验，总结出哪些概念。所以，教师要认真筛选观察认识教育活动的材料。观察认识教育活动中的所有材料都必须是围绕活动目标选择的，不应有任何多余的材料出现。

（1）观察认识教育活动的材料应紧扣目标

观察认识教育活动的目标确定后，要考虑材料的准备。材料要为幼儿活动的成功，乃至目标的达成提供保证。有些活动材料确实能够吸引幼儿的注意力和激发幼儿的兴趣，但是在活动中没有任何作用，反而会使幼儿分心，影响幼儿对主要观察对象的观察。

（2）观察认识教育活动的材料应该具有典型的特征

在准备材料时，必须考虑材料应具备的典型特征，幼儿通过鲜明的且能够直观观察到的突出特征在大脑中形成的表象，获得科学经验。如观察认识教育活动"菊花的特征"，在生活中，人们经常会看见一些白色的、黄色的菊花，这些菊花具有典型的特征，而在科学快速发展的今天，已经出现了各种奇异的菊花，在首次观察时，要先观察普遍存在的，以后可以逐渐了解其他品种。

（3）观察的材料要充足

充足的材料是观察认识教育活动开展的保证。材料的充足与否，直接影响幼儿观察认识教育活动的开展，数量不足会影响观察的效果。为幼儿提供充足的材料，应根据活动的具体性质确定材料与数量之间的比例关系。例如，认识家用电器，全班共用一份材料即可；认识鲫鱼，可以每个小组共用一份材料。

(4) 观察材料的摆放应符合观察的形式

观察材料的摆放及用什么器皿也很重要，这将直接影响观察的效果。例如，对鱼的观察，要用透明的不容易发生折射的器皿，摆放的位置应适合幼儿观察，在幼儿视线之内。

(5) 户外观察应注意观察场所的安全性和卫生问题

户外观察有许多不确定的因素，所以在进行户外观察时，教师要事先对观察场所有所了解，以保证幼儿观察时的安全。例如，观察秋天，应该选择在幼儿园操场或小区内，以及没有或少有车辆经过的地方，保证幼儿的人身安全。

2. 观察认识教育活动中教师语言的组织

教师的语言在幼儿观察认识教育活动中起着重要的作用。在观察过程中，教师的语言组织体现在讲解、讨论、提问上。教师的语言要发挥引导作用。教师在组织观察认识教育活动的语言时要注意以下几点。

(1) 目的性

教师的语言要围绕观察认识教育活动的对象来组织，把幼儿的注意力集中在观察对象上，使科学活动始终保持应有的意识水平。例如，组织幼儿观察秋天。教师应抓住秋天的季节特征，对季节与动植物的变化、人们的服装、自然界之间的变化等的联系和因果关系进行引导观察，而不必深入认识某一种动植物的特征或描述人们的服装。

(2) 形象性

在学前期，幼儿的具体形象性思维占优势。在观察认识教育活动中，教师要运用生动形象的语言，激发幼儿观察的积极性。形象生动的语言不仅便于幼儿接受和理解，还能增加观察的乐趣。为使语言具有形象性，教师可以抓住观察对象的主要特征，选择幼儿理解的词汇进行恰当的描述。例如，观察小白兔时，教师让幼儿观察小白兔身上的毛，可以说:"小白兔身上的毛雪白雪白的。"

(3) 逻辑性

教师在观察认识教育活动中要运用确切的语言,按照语法规则,层次分明、有条不紊地表述;引导幼儿逐步认识观察对象,概念明确,判断恰当,推理合乎逻辑,例如,在"认识蚂蚁"的活动中,教师可逐步提出下列问题:

"仔细找一找,看看哪里有蚂蚁。"

"蚂蚁是什么样子的?"

"蚂蚁爬来爬去的在干什么?"

"蚂蚁的家在哪里?"

"蚂蚁发现食物后会做什么?"

"蚂蚁用什么方法告诉同伴前面有食物?"

"蚂蚁怎样搬食物?"

"小的食物怎么搬?大的食物怎么搬?"

这种具有逻辑性的层层提问能使幼儿的观察更加深入,从而使幼儿对蚂蚁有全新的认识。

需要注意的是,语言组织不合乎逻辑,幼儿就不容易理解。

(4) 启发性

教师主要是通过启发性的提问指导幼儿进行观察的。教师所提的问题和讲解能激发幼儿在观察认识的过程中进行积极的思维活动。教师的语言要简单明了,抓住观察对象的主要特征,逐步深入。例如,"小鸟身上有什么?""鱼缸里有什么?是什么样子的?"。

3. 观察认识教育活动过程的设计

观察认识教育活动的形式很多,包括个别物体的观察、现象的观察、系统性的观察等等。观察认识活动通常都是集体活动,活动过程的设计大致包括开始部分,即课题的引入;基本部分,即活动的展开过程,也是观察方法的具体运用过程;结束部分,即对知识的总结,同时也对幼儿课堂上的表现进行总结;延伸部分,有的教学内容需要,有的不需要，不可牵强附会。对于长期系统性的观察认识活动，延伸部分是必需的。

观察认识教育活动根据观察认识的方法不同、内容不同，教学设计的思路也应有所不同。幼儿园预定性科学教育活动一般来说有物体观察、现象观察、户外观察和长期系统性观察。在设计具体的教学过程中，可以根据实际情况，在基本设计环节的基础上调整设计思路。

4. 观察认识教育活动的指导

观察认识教育活动是在教师的指导下进行的，教师在活动中的指导，不仅要体现在教学方案的设计上，更要真正落实到幼儿身上。为了使活动达到既定的目标，获得最佳效果，教师应在活动中更多地关注自己的教育对象。教师要根据幼儿的表现情况，随时调整自己的角色定位，有效地指导观察认识教育活动，确保每个幼儿都能够积极参与活动，教师的指导是观察认识教育活动成功与否的关键。

（1）导入活动应该具有明确的任务

指导观察认识教育活动从一开始就要明确任务，激发幼儿学习的兴趣。教师在进行导入活动时，应注意语言简短、有趣、有指向性。导入活动对于整个活动的开展很重要，成功的导入活动虽然不能确保整个活动的顺利开展，但是不成功的导入一定会使得活动从开始就很混乱。教师在导入活动时，语言应力求简短，迅速切入主题，提问应该具有针对性，激发幼儿的兴趣，引起幼儿对观察对象的注意。教师可以利用幼儿对新奇事物感兴趣的特点，吸引幼儿对观察对象的注意，激发幼儿观察的欲望。如果在活动开始时出示观察对象，应先让幼儿对观察对象进行整体观察，要注意倾听幼儿的言语、观察幼儿的行为，以便有针对性地提问，引导幼儿对观察对象的观察。

（2）引导幼儿运用多种感官进行观察认识

在观察认识教育活动中，教师的作用在于引导、激发。观察认识教育活动不仅仅是眼睛看，还包括其他感官的参与。在观察认识教育活动中，教师应指导幼儿运用多种感官感知观察对象。观察对象的特征是多方面的，在幼儿观察的过程中，应尽可能地让幼儿看清观察对象的全貌。这就需要指导幼儿运用自己的各种感官来感知观察对象多方面的特征，使幼儿能比较全面地认识观察对象。在实际教育活动中，可以通过视觉感知物体的形状、颜色、大小、高低等；通过嗅觉感知物体的气味；通过触觉感知物体的轻重、手感、温度等；通过味觉感知物体的味道。例如，认识苹果，通过眼睛感知苹果的颜色、大小等；通过用手摸感知苹果表面的光滑度、轻重、手感等；通过舌头感知苹果的味道。有时通过听觉感知物体的声音也是观察的一部分。例如，观察自然现象"下雨了"，通过声音感知雨的大小。

（3）使幼儿成为活动的主体

在观察认识教育活动过程中，教师要发挥幼儿的主动性、积极性和创造性，使幼儿真正成为学习的主体。教师可用启发性的提问，引导幼儿充分感知事物并进行操作、讨论。允许幼儿在一定的范围内自由活动，允许幼儿根据自己的经验、意愿和方法观察认识事物。教师要尊重幼儿，鼓励幼儿用语言表达在观察中的发现。语言可以帮助幼儿整理自己的观察结果，并使之系统化，还可以促进幼儿之间的交流，发展幼儿的社会性。教师在活动过程中，要注意观察幼儿的活动，根据幼儿的不同表现，进行调整、指导，要"因人施教"。

（4）教会幼儿观察的方法

幼儿年龄小，对事物的观察比较笼统，不够精确，不能对观察对象进行全面系统的观察，往往会忘记观察对象的特点。因此，教师要有意识地引导幼儿学习观察的方法，应根据观察对象的特点，有目的、有计划地教给幼儿一些最基本的观察方法。幼儿阶段主要学习顺序观察法、比较观察法和典型特征观察法。

顺序观察法就是根据观察对象外部结构的特点，有顺序地进行观察，如从上到下、从左到右、从整体到局部、从明显特征到不明显特征。例如，观察金鱼、石头等个别物体，都可以运用此方法。

比较观察法就是同时观察两种或两种以上的事物，对不同因素进行对照和辨别的一种方法。例如,说明橘子的形状,将皮球和橘子进行比较。在运用比较观察法时,一般从物体的不同点开始比较,然后再观察其相同点。

典型特征观察法就是从物体明显的特征入手,然后再引导幼儿对事物的整体进行观察的一种方法。例如,认识小狗,先从小狗"汪汪"的叫声入手,然后再观察其体貌特征。

(5) 引导幼儿用各种方式进行表达

在观察认识教育活动中,教师引导幼儿表达的形式可以是多样的,如语言、绘画、造型等。幼儿表达的内容也是丰富多彩的,可以表达自己的感受、体验,也可以表达观察的结果。观察认识教育活动的目的是让幼儿对身边的事物感兴趣,启发其学习科学的愿望。因此,应让幼儿在充分观察的基础上,引导幼儿交流自己的发现、感受、体验,幼儿之间可以互相补充对观察对象的认识,与同伴分享观察成果。例如,认识香蕉,幼儿表达自己吃了香蕉,可是没有看到香蕉的种子。正是这些交流引起了幼儿观察水果种子的愿望。

(6) 指导幼儿记录观察结果

观察记录是观察认识教育活动的一个重要方面,也是表达的一种方式。记录对于幼儿对观察对象的总结、形成概念、交流信息都起到一定的作用。所谓观察记录,就是幼儿以形象化的符号、图表等,表达对观察对象的观察结果。例如,在长期系统性观察中,幼儿画出蝌蚪长出后腿,这就代表幼儿观察到蝌蚪在一定时间内变化的结果。幼儿的观察记录在一定程度上反映出幼儿的观察水平,反映出幼儿对观察对象的认识正确与否,也是评价幼儿发展的重要材料。对于不能完成记录的幼儿,教师要教会他们运用符号记录,并且懂得符号的意义。幼儿的年龄特点决定了他们从事一件事的持久性差。观察记录能够培养幼儿对待事情坚持不懈的品质,使幼儿产生责任心等。

(7) 注意观察环境的选择

观察认识教育活动对观察的环境要求比较高。观察的环境要尽可能明亮、安静,采光和照明条件要好,这些都是保证幼儿能够方便地看、仔细地倾听观察对象环境特点的重要因素。

## （二）实验操作教育活动的设计

实验是指在人工控制现象发生的条件下，对现象进行感知和测量的方法。它是科学实践的重要形式，是获取信息和检验理论的基本手段。幼儿科学教育的实践操作是在人为控制条件下，教师或幼儿利用一些材料、仪器、设备，通过简单操作或演示，对周围常见的科学现象加以验证的一种方法。

幼儿园的实验操作教育活动是预定性科学教育活动的一种。实验操作教育活动的目标主要是通过幼儿亲自摆弄实验对象，发现事物的变化。幼儿园的实验操作教育活动主要是教师按照预定的目的或设计，利用一些材料，通过简单的演示或操作，对周围常见的科学现象加以验证的一种活动。实验的操作过程比较简单，能够帮助幼儿理解一些简单的科学现象或知识，培养幼儿对科学的兴趣和求知欲望，同时也培养幼儿的动手操作能力。

### 1. 实验操作教育活动材料与环境的要求

在幼儿科学实验过程中，教学材料是不能缺少的重要物资。幼儿进行实验操作教育活动时所用的各种材料是幼儿学习科学知识的外部条件之一。教师要在活动前为幼儿准备丰富的、具有可操作性的、符合幼儿需要的材料，引导幼儿合理运用材料。在实验操作教育活动中，材料与环境的选择与设计需要注意以下几点。

（1）活动材料具有典型性

实验的材料要围绕实验的内容选取，要有典型性，让幼儿能够完全掌握材料的特征，取得良好的实验效果。例如，磁铁吸铁的活动。磁铁的首要性质是吸铁，但是还有同极排斥、异极相吸的原理。幼儿在操作过程中难免会遇到这样的问题，所以教师在准备材料的过程中要充分考虑这些因素。

（2）活动材料要安全、卫生

要确保实验操作的材料安全、卫生。因为幼儿在操作材料的过程中，容易接触嘴巴、手等，所以实验操作材料要绝对安全，对幼儿的健康有充足的保证。例如,在活动"盐、糖不见了"中,要确保糖可以食用,并且保证所有幼儿都对糖没有过敏反应等。例如,"操作小球滚动"的实验,要选择相对较大的球,保证幼儿不会塞到鼻子、耳朵里。

(3) 活动材料的结构要完整

结构性是材料所具有的特征,材料蕴含着丰富的可探索性和可利用性。材料在被使用时能揭示自然现象间的某种关系及不同材料之间的联系。教师对材料结构的认识越丰富,越有利于幼儿的探索、发现、创造和获得各种有关的经验。例如,在"沉与浮"的实验中,教师要准备多种不同材质的纸张,让幼儿观察什么样的纸张沉得慢,什么样的纸张沉得快。如果将纸张折叠成小船,会延长纸张的下沉时间,使幼儿知道,虽然是同样的材料,但改变其形状会使沉浮现象发生改变。

(4) 活动材料要充足

充足的材料是幼儿进行实验的保证,特别是让幼儿操作的材料,更应该保证数量充足。材料充足与否,直接关系到幼儿探索活动的进行,影响幼儿科学经验的获取。数量充足的材料可以减少幼儿等待的时间,提高学习科学的积极性。为幼儿提供充足的材料,应根据活动的具体性质确定材料数量与幼儿人数的比例关系。活动材料的设计还要从幼儿探索的角度出发。例如,实验操作教育活动"沉与浮",教师提供的"沉"和"浮"的材料比例要适当,基本为 1∶1。针对大班幼儿,还要设计一些能够变化的材料。

(5) 活动材料要摆放适当

实验材料的摆放直接关系幼儿操作及活动目标的达成。有些活动材料不适合在活动开始时出示,这就需要材料摆放适当,便于分层、分时出示。例如,在"让鸡蛋浮起来"的实验中,教师可以先后出示糖、沙子、盐,使幼儿能够清楚地观察到在水里加盐,鸡蛋会浮起来;而在"沉与浮"的实验中,材料就可以一起出示,让幼儿充分观察,提出假设,然后验证。

(6) 活动环境要适宜

实验操作教育活动应该选择在视线比较好、安静、适宜观察的地方进行。在幼儿园中,通常选择幼儿的活动室进行实验操作教育活动。有条件的幼儿园可以设置专门的实验操作教育活动场地,便于幼儿操作、观察、交流、探讨。这样的环境便于幼儿静心,投入操作的热情也比较高。

心理环境也是幼儿进行科学实验操作的必备条件之一。幼儿在宽松、愉悦的人际氛围中能够全身心地投入操作、观察中,愿意进行各种实践活动,效果更好。

2. 实验操作教育活动过程设计的步骤

实验操作教育活动的过程是整个活动的关键。幼儿在实验操作教育活动过程中检验假设、发现现象、探索规律、形成概念。幼儿的实验是重复前人的实验,是对结果的验证。幼儿不会选择实验用的有结构的材料,教师需要把材料放在幼儿面前,然后由幼儿自由操作。实验操作教育活动的过程就是幼儿获得直接经验的过程。所以,实验的操作过程对于幼儿来说是发现问题、解决问题的关键,在具体的操作、讨论中开始形成概念。实验操作教育活动是集体教育活动的一种形式,也是预定性教育活动,所以其活动过程的设计与预定性教育过程基本相似。

(1) 开始部分

凡是新奇、变化的事物都容易引起幼儿的注意。开始部分的主要目的就是将幼儿的注意力集中在教育活动上。一般来说,实验操作教育活动的开始部分比较简单,教师展示活动材料,幼儿的注意力就会很快集中到材料上。这一环节的主要目的是引起幼儿的操作动机。

(2) 基本部分

基本部分就是幼儿实验操作教育活动的过程。实验操作教育活动是一种预定性活动,是把准备的材料通过与教师、幼儿的互动转化为活动目标的实施方案。幼儿在基本部分中,通常需要面对具体的材料,通过操作来发现其中的现象和规律。幼儿在具体的操作过程中要注意以下几点。

①幼儿的操作活动要有一定的顺序。应根据教学目标来进行操作活动,在操作过程中要注意实验材料运用的先后顺序,不能一下子把全部

材料都用上，幼儿可能观察不到是什么材料产生的现象。例如，盐、糖不见了。教师提供的材料很多，要让幼儿在水中分别加入糖、盐、沙子等，然后让幼儿感知，使幼儿掌握糖或盐溶解在水里，所以水变甜或变咸了。固体的糖和盐溶解在水中，所以看不到了。相反，沙子加入水中，不管如何搅拌，都不能溶解在水中。

②教会幼儿记录。对于大班的幼儿，教师要教会他们记录实验中的现象，便于幼儿对照比较和总结。幼儿记录是以幼儿为主设计相应的图表和标识，这些抽象的符号为幼儿今后系统地学习科学知识做好了准备。

③注重语言的讲解作用。教师的演示和操作及对幼儿操作的指导离不开教师的语言。在实验操作教育活动中，教师的语言要有讲解功能，能够在短时间内讲清楚道理，进行指导必须有恰当的修饰。

④注重对操作过程和实验结果的整理。对于幼儿来说，实验是他们比较喜欢的科学活动，但是幼儿在实验中带有许多盲目性，常常只注重操作过程的趣味性，忽视了操作过程的科学性和实验结果的知识性。教师要善于总结实验操作过程中涵盖的科学原理，同时也要对科学知识进行整理，使幼儿在实验中掌握事物的发展规律。

（3）结束部分

结束部分是实验操作教育活动的整理阶段。幼儿在操作过程中，已经获得丰富的直接感知经验，教师要善于让幼儿阐述自己在实验中的发现。幼儿的思维过程是明显的"动作思维"，即边做边想。操作后的小结主要是教会幼儿概括、表达，促进幼儿从具体形象性思维向抽象概括性思维发展。同时，教师要对整体的操作过程和结果进行评价，评价时要以肯定和鼓励为主，不仅要评价幼儿操作实验的结果，更重要的是对幼儿参与操作活动的态度、探索精神进行评价。活动结束时，教师可以提出一些启发性的问题，以激发幼儿对延伸活动的兴趣和对下一次活动的期待。

（4）延伸部分

延伸部分主要是促进幼儿对知识的再理解，使幼儿能够在实际的生活中，运用所学的知识解决问题。所以，教师可以把延伸部分布置为在生活中的运用和对生活的观察。例如，学习溶解后，让幼儿想想生活中有什么地方有溶解现象。做菜放盐就是溶解概念在生活中的运用。

### 3. 实验操作教育活动的指导

实验操作教育活动是预定性活动，是集体活动的一种形式。教师事先知道实验结果，只是指导幼儿验证结果，所以要注重对幼儿操作过程的指导。为了使幼儿得到预期的实验成果，教师在指导幼儿进行操作实验时要做到以下几点。

（1）保证充足的实验操作材料和用具

幼儿操作的实验用具、材料一般来说比较简单，是幼儿经常接触的玩具、日用品等，用具和材料要方便幼儿使用。幼儿的实验材料要保证充足、多样，使每一个幼儿都能够参与到实验中。充足的实验操作材料和用具是保证幼儿顺利进行实验的前提。例如，实验操作教育活动"糖不见了"，要保证所有幼儿都有糖和杯子，并且杯子要透明，便于幼儿观察，但不能太大，要方便幼儿使用。

（2）保证幼儿充足的实验操作时间

实验操作教育活动比其他活动需要更多的时间，因为幼儿需要操作、记录、理解、学习、交流等。充分的时间能够保证幼儿反复进行实验活动，并在操作中探索、发现、解决问题。所以，实验不能有时间限制，否则，有些实验现象就观察不到了。例如，实验操作教育活动"沉与浮"。有些东西是先浮后沉，如棉花、纸张等；有些东西是沉，但是经过改变形状会浮起来，如橡皮泥，块状时沉，捏成小船样时就会浮起来。这些都是需要时间来验证的。如果时间不够用，幼儿就不能得到这些经验。所以，在幼儿进行实验操作时，要让幼儿有充足的时间，以达到实验效果。

（3）帮助幼儿使用工具，掌握实验操作技能

幼儿的实验操作一般简单有趣，所以，应尽可能让幼儿自由操作。但是，在实验操作中的某些环节，或在某些材料的使用上，幼儿会遇到

各种不同的困难。教师要教会幼儿如何使用操作工具，如何运用材料。例如，轻拿物品，平衡摆放物品，熟练使用各种盛器等。

幼儿的发展水平不同，能力也是不同的。对于同样的实验，有些能力差的幼儿会感到困难，难以完成实验。教师要根据幼儿操作的实际情况，给予不同程度的指导。在实验过程中，还应引导幼儿通过观察，注意实验材料、方法、操作过程中的变化和实验结果，使幼儿不仅能够了解实验结果，而且能够学习实验的方法。

（4）整合幼儿的交流与讨论，促进幼儿的自我发展

分组实验是科学学习中常用的一种方式。小组成员之间由于承担的任务不同，通过交流与讨论，能够分享各自取得的成果，并在此基础上相互帮助，相互协调，共同完成任务。在班级中，担任同样任务的幼儿，对于相同的任务有不同的认识和理解，相互之间也可以交流和讨论，并且在交流和讨论的过程中，能够再现操作中的某些现象，达到共同分享的目标。在交流和讨论中，难免会有不一样的意见，应允许幼儿有"纷争"。例如，"杯子里的纸不会湿"的实验。两组幼儿争吵起来，一组幼儿的实验结果是杯子里的纸会湿，另一组幼儿的实验结果是杯子里的纸不会湿。教师没有急于肯定或否定，而是要求幼儿按照教师说的方法，重新做一遍实验，果然杯子里的纸没有湿，失败的一组是因为没有掌握好实验的方法。幼儿间的这种交流与讨论具有积极的意义，有益于幼儿的自我发展。

（5）要求幼儿遵守实验操作规则

实验操作规则对于保证幼儿实验成功起着重要作用。在实验正式开始前，教师要交代清楚实验操作规则，并要求幼儿自觉遵守。在实验中，教师要及时提醒幼儿遵守规则，否则要暂时离开操作场地，以免影响其他幼儿操作，以保证幼儿实验的成功。

（6）加强纪律约束，保证幼儿实验的安全

实验初期，教师要强调实验的纪律性，以保证幼儿实验的安全。幼儿年龄小，对于危险没有足够的认识，加强纪律约束是对危险的降低。

例如，实验"糖不见了"。如果幼儿随便把杯子弄坏，就会伤害到幼儿；如果幼儿随便品尝杯子里的东西，可能会让幼儿形成实验的东西都可以吃的错误认识。这些对于以后的化学学习是非常危险的。化学实验具有一定的危险性，必须让幼儿明白用于实验的材料不能随便品尝、闻等。一段时间后，等幼儿基本掌握了实验的规律和纪律，教师就可以放手让幼儿自己做实验。当然，对于不适宜幼儿操作的实验，应由教师演示完成。

### （三）讨论探究教育活动

讨论探究教育活动是幼儿科学教育活动常用的一种类型，是指幼儿在教师的指导下，围绕某活动主题与同伴进行平等的交流，陈述自己的发现，表达自己的观点和困惑，质疑他人的发现与观点，并在交流中理解他人的想法，发现自己的不足，从而在协商中求同存异、达成共识，引发进一步的讨论与交流。

讨论探究教育活动是指在教师引导下，以教师与幼儿共同讨论为主，在讨论过程中，幼儿通过与同伴、教师的交流，有效地促进思维的发展，通过看和说的活动方式，获取科学经验。讨论探究教育活动一般对幼儿的知识经验有一定的要求，所以在大班开展较多。

#### 1. 讨论探究教育活动材料与环境的设计

讨论探究教育活动主要是通过一个话题，引起幼儿对同一话题的其他现象进行探究，并且能够在实际生活中运用。所以，讨论探究教育活动的材料应该是幼儿实际生活中经常遇到的，可以是一些图片或视频等比较直观的材料。在引导幼儿开展讨论探究教育活动之前，教师要进行充分的探究和操作，了解探究活动的难点和关键点，预测幼儿在讨论探究教育活动中可能出现的问题和困难，为幼儿的探究活动做好材料和环境方面的准备。

（1）根据讨论探究教育活动目标提供适宜的结构材料

在讨论探究教育活动中，教师要依据活动目标提供给幼儿适宜的结构材料，这能有效激发和维持幼儿的探究兴趣，使幼儿在探究活动中通过与材料的相互作用获得经验。幼儿通过操作特征明显的材料，能够看到事物之间的联系。例如，大班科学活动"如何让水喷得更高"。从幼儿熟悉的喷泉入手，让幼儿探究喷泉喷得高和喷得低的原因。教师为幼儿提供注满水的塑料瓶子、打有1~4个孔的瓶盖，并提出问题："1孔和2孔的'喷泉'，哪个喷得高？2孔和3孔的比较呢，哪个喷得高？"幼儿通过动手操作和实验，能够清楚地观察到"在相同力的作用下，孔越多，水喷得越低；孔越少，水喷得越高"这一现象，从而获得有关压力与压强关系的相关经验。由此可见，如果材料具有适宜的结构，就能够实现教育目标，有效地支持幼儿的探究和发现活动，有助于幼儿获得相关经验。

(2) 操作材料简单实用，能够激发幼儿探究的兴趣

操作材料是讨论探究教育活动中必不可少的。幼儿在操作过程中发现问题，在操作过程中尝试解决问题，在操作过程中得出结论。因此，幼儿在讨论探究过程中的操作材料要简单实用，便于幼儿反复操作，并且应是幼儿熟悉的或幼儿对操作材料的属性有一定了解，便于操作。教师还要注意投放的材料应是幼儿感兴趣的，使幼儿产生玩一玩、探究一下的愿望。

(3) 提供各种材料，尝试使用工具

幼儿的生活中有各种各样的材料和工具，幼儿经常利用这些材料和工具进行科学活动。让幼儿了解这些材料的性质及工具的使用方法，有利于幼儿更好地利用这些材料和工具进行探究活动。例如，各种探究材料（如沙、石、土等）和工具（如小铁锹、小桶等），可让幼儿运用这些工具和材料进行探究活动。幼儿会发现水与各种材料之间的关系、工具与材料之间的关系。幼儿在运用材料探究的过程中，主动建构有关的知识经验，体验工具的价值和作用。

(4) 收集与课题有关的图片

由于讨论探究性活动难以在活动中出示实物，所以图片是讨论探究教育活动中必不可少的材料。图片可以来自互联网，也可以来自报纸、图书，最终都应该以幼儿能够在讨论活动中看到的形式出示，并且要注意搜集与图片有关的资料介绍。

(5) 制作与课题相关的图片

有些图片由于一些原因，难以找到现成的，教师要利用一些手段，把抽象的讨论内容绘成图片，也可以用数码相机拍摄下来，制成照片。在活动中，出示照片更有说服力。同时，照片也能把抽象的形容变得具体，增加教学的趣味性。例如，动物的尾巴。幼儿对一些动物的尾巴可能并不认识。用数码相机拍摄下来后，教师就能比较形象地组织幼儿谈论这些动物尾巴的作用；也可以进一步探究"为什么有的动物的尾巴看不到""人为什么没有尾巴"等问题。

(6) 利用多媒体技术，让讨论主题再现

多媒体技术对于讨论探究教育活动的作用是非凡的。因为一般的讨论探究教育活动主要是语言的交流，很难集中幼儿的注意力。多媒体技术能够使讨论的主题再现，使幼儿有身临其境的感觉。例如，讨论探究教育活动"神秘的太空"，可以通过多媒体技术对我国宇航员飞天的画面进行再现，使幼儿感受到谈论的乐趣，并激发幼儿探究的欲望。

(7) 营造自由宽松的讨论探究氛围

宽松、安全的讨论探究环境是幼儿主动探究和学习的基本前提。没有安全的心理环境，主动学习和探究就不可能发生。教师要让幼儿大胆讲述自己的想法，自由地进行交流。在活动过程中，教师要引导幼儿倾听同伴的意见，培养幼儿尊重他人、善于倾听的意识，使讨论活动成为真正有效的活动。

2. 讨论探究教育活动过程的设计步骤

探究活动是幼儿的一种主动活动。讨论探究是在讨论的基础上进行的探究活动，所以谈论的内容很重要，要让幼儿有探究的欲望，活动设计要有新意。讨论探究教育活动是集体活动，所以要有一定的活动程序和阶段，尽管讨论问题的方式和手段不同，但讨论探究从发现问题到解决问题，都要经过类似的活动过程。

(1) 提出假设——观察、发现、提出问题

观察是讨论探究教育活动的源泉。观察客观物质世界是幼儿心理发

展的必然要求。幼儿一般对观察到的事物进行探究，在发现问题之后提出问题。

（2）动手操作——尝试解决问题

幼儿通过动手操作感知具体事物，而感知是形成经验结构和智慧结构的主要方式。动手操作满足了幼儿思维的直觉行动和具体形象的特点，满足了幼儿需要直接经验奠基的发展要求。但是，手的操作还必须和心智的操作、改变相互结合，这样才能实现对原有认识的强化和调整。所以，动手操作阶段是讨论探究的重要阶段，也是幼儿尝试解决问题的阶段。幼儿在操作过程中，形成对事物的粗浅认识，并且去探究"为什么"，从而形成自己的见解。例如，"认识磁铁"活动。教师可以设计"磁铁能吸引一些东西"的活动，幼儿在操作过程中发现有些东西磁铁能够吸引、有些东西不能，从而引起幼儿探究的欲望，看看磁铁究竟能吸引哪些东西。

（3）记录信息并得出结论——形成解决问题的信息

幼儿在与同伴或教师的接触中可获取讨论探究的结果，收集有关的信息，并且记录这些信息，对信息进行解释。幼儿对自己记录的信息进行解释的过程就是尝试解决观察、发现问题的过程。可以让幼儿进行个别的讨论交流，然后再进行集中的研讨，引导幼儿说出自己的见解，使不同幼儿的观点相互"碰撞"，让幼儿在不同观点的"碰撞"中形成解决问题的信息。

（4）表达与交流——探讨解决问题

表达与交流是幼儿探究后的自然流露。幼儿对探究结果的表达是多样的，有语言的，也有实物的。但更多的是用实例、模型表达，同时结合语言进行交流。

在讨论探究教育活动中，让幼儿进行科学探究要注重上述四个方面的内容，但不是每个活动都必须按照这样的过程机械地进行。最为重要的是，教师要明确每一个活动最主要的目标。

### 3. 讨论探究教育活动的指导

讨论探究教育活动是预定性活动，是集体活动的一种形式。讨论探究教育活动主要通过语言达到讨论交流的目的，所以教师能够用语言调动幼儿参与活动的积极性显得尤为重要。

(1) 让幼儿自主选择活动材料

根据自己的需要和兴趣选择材料是幼儿主动学习的重要前提和基本条件。让幼儿自己选择材料和决定用材料干什么，不仅有利于幼儿利用原有经验，澄清自己的想法，按自己的方式和想法解决问题，获得有益的经验，还有助于幼儿把自己看成一个能产生思想、能支配时间的人，一个行动者和能解决问题的人，能使幼儿产生一种想要探索发现的欲望。

教师在巡视过程中，要注意反思讨论探究的内容是否适合幼儿的发展，提供的材料是否对幼儿的探究活动有促进作用，等等。

(2) 让幼儿体验探究的过程，发现乐趣

讨论探究教育活动是以幼儿为主体的活动。教师要善于发现幼儿身边有趣的科学现象，为幼儿创造条件，让幼儿运用各种感官，参加探究活动，在活动中展开讨论，指导幼儿进行交流、探究，适当地进行科学知识的渗透，使幼儿在活动中获得知识和经验，体验发现的乐趣。例如，讨论探究教育活动"认识磁铁"。为幼儿准备大小不同的磁铁，提供纸、积木、石子、塑料及铁制玩具、回形针等材料，让幼儿去玩磁铁，去发现磁铁的秘密。幼儿通过自己的操作探索，知道了什么东西能被磁铁吸起，什么东西不能被磁铁吸起，有的幼儿还发现了磁铁相互排斥的现象。这些自主操作的过程，是幼儿产生强烈自主探究欲望的源泉。

(3) 让幼儿自主选择活动过程

幼儿是学习的主体，有权选择探究活动的方式，教师不可直接控制，而应给予尊重和支持，引导幼儿在活动中用自己独特的方式进行探究活动。同时，教师要为幼儿创设宽松、自由的环境，让幼儿大胆地讲述自己的想法，自由地进行交流。在活动过程中，教师要引导幼儿倾听同伴的意见，培养幼儿尊重他人的习惯，使讨论、交流成为真正有效的探究活动。

(4) 帮助幼儿学习讨论探究的技能

在讨论探究教育活动中，教师要利用多种多样的活动方式，表达对科学的认识。教师要注意培养幼儿的语言表达能力，使幼儿在讨论中能够用语言表达自己的发现、见解、主张，能够用语言描述自己在探究活动中的发现和自己的心情。同时，幼儿在观察发现的过程中，容易很快忘记观察到的情况，教师可以帮助幼儿设计图画符号来记录发现内容。例如，用图画记录磁铁能够吸引什么东西，幼儿在讨论、交流的时候就能够根据记录说出自己在操作磁铁过程中的发现。

(5) 注意观察幼儿讨论探究的情况

在幼儿进行讨论探究的过程中，教师要尽可能地给幼儿提供空间和时间，要避免打扰幼儿的探究活动。但是，这并不是说教师在幼儿探究活动中没有任务，教师要巡视、观察幼儿的讨论探究情况，了解幼儿在讨论探究过程中出现的问题和困难，适时提出一些问题，引导幼儿探究活动的发展。对于幼儿在讨论过程中出现的意见分歧，教师要及时让幼儿记录下来，不要轻易给出答案。在讨论、交流中让幼儿将出现的意见分歧讲述出来，大家一起讨论，给出答案。

### (四) 分类教育活动

#### 1. 分类教育活动的内容

在幼儿园科学教育中，可以进行分类的活动内容很多。幼儿在开始进行分类时，总是从最外显的特征出发。所以，幼儿园的科学教育活动内容是根据幼儿的年龄特点和对事物认识的程度，按照分类的类型，由浅入深地设计的。

(1) 挑选分类

挑选分类是指从许多种物体中，将具有某一种（或几种）共同属性的物体挑选出来，成为一类。例如，把蔬菜和水果混合在一起，让幼儿从中挑选出水果。这类活动比较简单，适合幼儿园小班开展。随着幼儿对生活经验的掌握，可以逐渐增加难度。例如，在水果、蔬菜、花卉中挑选出水果。这样的内容可以在小班、中班开展。

（2）二元分类

二元分类又称是与否分类，是指从许多物体中选择具备某一种属性的物品，排除其他物品。即将许多物品按某一标准分为"是"与"不是"两种。例如，蔬菜和水果放在一起，让幼儿进行分类，苹果、梨子、香蕉等是水果，黄瓜、西红柿等是蔬菜；或者只指出水果，其余的肯定不是水果即可。这样的活动内容相对来说比较简单，一般在幼儿园小班、中班进行。

（3）多元分类

多元分类是指将物品按照一些共同的标准分成两类或几类。例如，苹果、香蕉、橘子都是水果，黄瓜、西红柿都是蔬菜。多元分类活动对幼儿的知识要求较高，要求幼儿对生活经验有一定的了解，并能掌握分类的标准，所以一般在幼儿园中班、大班开展。

幼儿园分类活动的很多内容可以结合认识活动，让幼儿进行分类。例如，动物类——家禽、家畜、野兽、鸟类、昆虫等；植物类——树木、花卉、蔬菜、水果、谷类等。

2. 分类教育活动材料的要求

在分类教育活动中，材料的设计对调动幼儿学习的积极性、主动性有着至关重要的作用。幼儿是通过多种感官与周围世界的交互作用充分感受、体验各种具体事物而获得知识的。在分类教育活动中，幼儿对材料进行操作时，体验材料之间的相同点与不同点，探索分类教育活动的不同层次要求。因此，在设计分类教育活动材料时要注意以下几个方面。

（1）材料要具有生活性和趣味性

在分类教育活动中，活动材料应该是幼儿在日常生活中经常见到的、感知的材料，幼儿对材料应有基本的认识。幼儿的年龄特点决定了他们还不能在抽象的概念水平上进行分类，而必须依赖具体的形象和操作。因此，教师要提供充足的分类材料和用品，且材料应该具有生活性和趣味性，以激发幼儿的好奇心和探索欲望。在活动中设计新颖有趣的活动材料，容易引起幼儿的注意，使幼儿在愉快的状态下进行探索操作活动，促进幼儿记忆力、观察力、思维能力的发展，培养幼儿的动手能力。

（2）材料要与具体活动目标相联系

分类教育活动的目标确立后，教师要有意识地为幼儿提供紧扣目标的材料，以达到预定的活动目标。教师要善于捕捉材料中包含的科学分类因素，准确地为目标"服务"。例如，"弹性分类"。教师为幼儿准备塑料玩具、橡皮泥、充气的气球等，在进行分类教育活动时，教师要求幼儿按照变形与不变形进行分类，幼儿能够对这些材料进行二元分类或多元分类；再次进行分类活动时，教师要求幼儿按照变形后能否恢复原来的样子进行二元分类。

（3）材料的难度要形成一定的层次

幼儿的思维发展是循序渐进的，教师为幼儿设计的材料要符合幼儿的发展特点，适合幼儿的发展水平，体现难易的层次递进，使幼儿在"阶梯式"的材料中逐步提高分类的技能和水平。幼儿的分类经验随着年龄的增长逐渐丰富，分类材料的设计在难度上要体现层次性。例如，在"纽扣"的分类教育活动中，为了让幼儿按照由浅入深的标准进行分类，教师的材料设计顺序应该根据纽扣的形状进行分类，教师提供形状不同的纽扣；根据纽扣的形状、颜色进行分类，教师提供多种形状、颜色的纽扣；根据纽扣的形状、颜色、大小进行分类，教师提供多种形状、颜色，以及大小不一的纽扣。这一系列的活动材料由易到难，幼儿的分类能力也逐渐提高。

（4）材料可以是图片、玩具模型等

操作材料对于调动幼儿参与活动的积极性是不言而喻的，但是生活中有许多分类教育活动是不能让幼儿亲自进行实物操作的。例如，汽车的分类、动物的分类等。教师可以借助各种汽车的模型、动物的图片等让幼儿进行分类教育活动，以便幼儿在操作模型、图片中提高分类能力。

3. 分类教育活动的指导

（1）在明确分类的具体要求后分类

幼儿往往将操作活动和物体的感知混为一谈，因此，教师提出的分类标准要清楚、明确，让幼儿按照要求去做。例如，在"植物根的分类"活动中，教师提供给幼儿很多植物根的小卡片，要求幼儿根据植物根的特征、用途，在众多根中找出须根、直根、块根。分类之前以"看一看、比一比，这些植物的根一样吗？"等简单明了的指导语帮助幼儿在操作这些材料的过程中获得一系列的科学经验，使幼儿能较顺利地进行分类教育活动。

（2）在充分感知的基础上进行分类

充分感知物体是对物体进行比较，找出物体之间的相互关系，并根据其共同特点与特征进行分类的必要前提。幼儿的年龄特点决定了幼儿必须依赖物体具有的形象和动手操作，所以教师要提供充足的材料让幼儿感知。

幼儿的分类活动大多属于低水平状态。即根据物体的颜色、形状、质地、气味、声音等自然属性来分类，要求幼儿在细致观察、认真感知的基础上，发现其特征属性，然后进行分类。分类的正确性取决于感知活动的准确性。

（3）在操作活动中学习不同的分类教育活动类型

操作活动是幼儿认识事物最直接、最具体的活动。教师要引导幼儿在操作活动中进行探索、积极思考，在操作观察中学习分类教育活动的类型。在幼儿阶段，教师主要指导幼儿学习二元分类法，即要求幼儿在感知水平上把物体分成两类。但也可以根据幼儿不同的年龄，学习不同的分类类型。

（4）指导幼儿根据不同的标准进行分类

每一种分类必须根据同一个标准，否则就会出现重叠和分类过程的逻辑错误。幼儿往往根据自己的想法进行分类，分类依据也是不断变化的，但只要各类别物体彼此不交叉和重叠，该分类依据就可以成立。幼儿的分类标准通常包括七点：一是根据物体的外部特征进行分类。这是幼儿进行最初分类时常用的标准，一般在小班、中班上学期使用较多。例如，根据物体的颜色、形状、大小、长短、重量等外部特征进行分类。二是根据物理量的差异进行分类。即按照物体的大小、长短、粗细、厚薄、宽窄、轻重等的差异进行分类。三是根据物体之间的联系进行分类。这种类型的分类活动，要求幼儿知道事物之间简单的联系，一般在小班下学期和中班进行。例如，把兔子和萝卜分为一类，把猫和老鼠分为一类，这是按照动物的食物链标准进行的分类。四是根据物体的功能或用途进行分类。这种类型的分类活动，要求幼儿掌握一些科学知识，对生活中的科学经验有简单了解。只有在此基础上，幼儿才能按照标准进行分类，一般在幼儿园中班下学期和大班进行。例如，将物体分为学习用具、玩具、家具等。五是根据物体的材料进行分类。这种类型的分类活动对幼儿的要求更高，幼儿要掌握一些概念才能进行分类，一般在大班进行。例如，将物体按照塑料制品、木制品、铁制品等进行分类。六是根据物体的属性进行分类。这种类型的分类活动一般要求幼儿具有操作经验、对概念有一定的理解，一般在大班进行。例如，将物体按照是否有弹性分类。七是根据物体的一个或多个特征进行分类。这种类型的分类要求幼儿有一定的理解能力，要兼顾两种标准，一般在中班、大班进行。例如，把红色的、圆形的纽扣分为一类。

（5）根据幼儿的年龄特征，设计分类标准

幼儿对事物类别关系的认知还不成熟，分类能力仍在发展中。这就要求教师应按照幼儿的年龄特点设计分类标准。一般来说，幼儿只能够按照事物的外形或量的差异进行分类，因为这些都是外部的、容易观察到的，适合在小班进行；而对事物内在的、物理特性的分类适合在大班进行。对于3~4岁的幼儿来说，同时在头脑中思考两件事，还要从事物不同的两个方面进行是比较困难的。所以，这种分类教育活动要在大班进行。教师可以先让幼儿根据一种标准进行分类，然后按照另一种标准进行分类。例如，找出既是红色又是圆形的纽扣，可以先找出红色的纽扣，然后在此基础上找出圆形的纽扣。

（6）指导幼儿自己制定分类标准

幼儿对分类有时理解不足，不能前后一致地按照标准进行分类，特别是对年龄较小的幼儿，可以用"请你按照大小的标准进行分类"这样的语言帮助幼儿分类，并且要时刻提醒幼儿。在幼儿有了一定的分类经验之后，鼓励幼儿自己制定分类标准。例如，面对一些材料不同的玩具，教师可以问幼儿："这些玩具怎样分呢？"幼儿就会想办法按照材料进行分类，或按照形状进行分类等。

（7）指导幼儿认清分类的要点

在分类教育活动中，最重要的就是找出事物的要点，即"共同点"。对"共同点"的不同的抽象概括水平，显示出了幼儿认知发展水平的差异。所以，在分类教育活动中，不能用成人的标准要求幼儿，不能认为符合概念的分类标准才是正确的。例如，在分类教育活动中，有的幼儿把鱼和水放在一起，显然是按照二者之间的关系进行分类的；有的幼儿把鱼和猫放在一起，是按照它们之间食物链的关系进行分类的。教师要肯定幼儿的分类，幼儿的分类只有共同点或标准的不同，只有水平高低之分，没有对错之分。

## （五）其他科学教育活动

幼儿科学教育活动是多种形式的教育过程。在幼儿的日常生活中都蕴含着科学教育。幼儿园中还有种植与饲养、测量、信息交流、早期科学阅读等科学教育活动。这些活动不用设计具体的活动步骤，根据目标和内容，在幼儿园的各种教育活动中都可以完成，一般在渗透性教育活动中完成。

1. 种植与饲养教育活动的设计

种植与饲养教育活动是幼儿喜欢的活动之一。幼儿园的种植活动可根据各地的气候等自然条件，有目的、有计划、有组织地带领幼儿开展。种植的内容最好是一颗种子从开花到结果的全过程。不仅能培养幼儿对植物的兴趣，还能学到许多有关植物的科学知识。饲养活动是一项既动脑又动手的活动，有利于培养幼儿热爱劳动的优秀品质。种植与饲养教育活动可以让幼儿掌握简单的劳动技能，促进幼儿认知能力的发展。

（1）种植与饲养教育活动的目标

幼儿的种植与饲养和成人的种植与饲养有着明显的区别。幼儿种植与饲养的主要教育活动目标是对生命科学的探索，从而获取有关动植物的具体经验。具体教学目标包括：观察动植物的生长、发育、死亡等生命现象，了解物与物的关系、人与自然的关系，理解有关生物科学的简单道理。学习简单的种植与饲养的劳动技能，培养幼儿动手操作的能力。在种植与饲养过程中培养幼儿对动植物的爱护之情，为今后学习生物科学提供感性材料。在照顾动植物的过程中，领悟对生命的珍爱。

（2）种植与饲养教育活动的内容

①种植的内容。幼儿园中的种植主要是指自然角的管理和园地的管理，包括播种、管理、收获等简单的劳动。其主要包括：

水养植物。水养植物就是把植物的一部分浸泡在水里，在短期内，植物会萌发、生根、长茎叶，甚至开花。水养植物主要包括：种子类，如红豆、黄豆、玉米等；蔬菜类，如白菜心、萝卜根、芹菜根、大蒜、洋葱等；树枝类，如杨树、柳树等；花卉类，如桃花、迎春花、水仙花等。水养植物还包括无土栽培，但是对于幼儿园来说，无土栽培的要求比较高，一般幼儿园没有能力达到，所以进行的较少。

盆栽与园地植物。盆栽植物是指在花盆里种植的植物，一般在自然角中进行管理，或者摆放在活动室，既可以美化环境又能供幼儿观察。

园地植物是在幼儿园一角或者墙边等地方进行园地种植，提供给幼儿观察植物生长全过程的植物。盆栽与园地植物的品种与水养植物是相同的，但其重要性是不能替代的。水养植物虽然能够观察到萌发的全过程，但是等到其本身养料耗尽时，就会枯萎。因此，幼儿只能看到植物生长的某一阶段，而不能看到植物生长的全过程。幼儿会对枯萎的植物很不理解，也会为没有看到水养植物的开花、结果而感到遗憾。而盆栽与园地植物正好能够弥补幼儿这一过程的遗憾，能够表现植物生长的全过程，使幼儿体验到果实带来的喜悦。例如，水养植物花生。花生的发芽、长叶，幼儿能够看到，但是以后的生长过程就看不到了。如教师把发芽的花生栽在园地里，幼儿在长期的照顾管理过程中，就能观察花生的生长。秋天的时候，教师带领幼儿收花生，幼儿能够亲自体验到采摘花生的乐趣，同时也能培养他们对科学知识的探索精神。

②饲养的内容。饲养的内容主要包括对动物的管理，如帮助收集饲料、喂养，学习简单的饲养技能。其主要包括：

水生动物。水中饲养的鱼、龟、虾、泥鳅、田螺等都是幼儿观察的对象，这些水中生活的动物，饲养比较简单，饲料容易得到，存活率比较高，容易照顾，所以比较适合幼儿饲养。有的水生动物即使几天不进食也不会死亡。例如，龟、田螺等。

家禽。家禽身体比较小，比较温顺，深受幼儿喜爱。家禽的饲养比较容易，饲料没有要求，容易存活，适合在幼儿园饲养。例如，鸡、鸭、鹅等，一般以饲养鸡居多。但是，家禽的粪便处理有难度，一般由成人完成。

家畜。家畜的饲养比较难，一般在幼儿园是饲养兔子，但是兔子对饲料的要求比较高，饲养不易，需要在教师的帮助下饲养。

（3）种植与饲养教育活动的指导

①种植与饲养的内容要符合幼儿的年龄特点。幼儿年龄小，种植、饲养的技能差。所以，在选择种植品种和饲养类型时，要考虑幼儿的年龄特点。换言之，为幼儿选择种植的品种时要考虑哪些易成活、易生长、易照顾，盆栽与园地种植的品种还要考虑对土质要求不高、生长周

期相对较短、容易看到果实。例如，小班、中班幼儿适合种植水养植物，如洋葱、白菜根等。大班幼儿适合种植一些园地植物，如牵牛花、花生等。

②在种植与饲养中培养幼儿的探究精神。种植与饲养是实践操作活动，幼儿对动手操作的活动都是非常感兴趣的。由于种植与饲养需要一定的操作技能，包括挖土、浇水、除草、喂食、打扫等，教师不能包办代替，应该指导幼儿学习操作技能，克服一定的困难，坚持以幼儿为主进行种植与饲养。这样，幼儿在学习这些技能的过程中，就会发现问题，并且进行探究，由浅入深地了解事物，掌握事物发展的一些规律。例如，在给植物松土、除草的过程中，遇到蚯蚓，幼儿就会观察蚯蚓，引起对蚯蚓能够松土的探究；同时，也会对草能够争夺植物的养分，影响植物生长的原理进行探究。同样的道理，在饲养中，幼儿能够观察到以往不能观察到的现象，从而引起他们的探究兴趣。例如，田螺是怎么走路的，究竟吃什么、怎么吃，这些都是幼儿不知道但感兴趣且需要他们动脑去想的。通过饲养，幼儿能够亲自了解田螺的这些问题，从而对饲养、探究充满热情。

③种植和饲养的过程与幼儿认知的科学活动相结合。种植与饲养是科学教育活动的一种形式，其目的是学习科学知识、掌握科学概念、了解科学规律。所以，在种植与饲养的过程中要指导幼儿观察种植与饲养的对象，全面系统地掌握观察对象的生长过程，扩大幼儿的知识面。同时，教师要利用各种机会，因势利导，帮助幼儿提高认知水平。例如，在种植盆栽植物时，花盆的底部有一个小孔，幼儿充满疑问，猜想小孔会把浇的水漏掉，应该没有小孔。教师就要结合这一问题，引导幼儿讨论如果没有小孔会怎么样，也可以做实验观察得出结论（用一个有孔的花盆和一个没有孔的花盆，分别种植同样的植物，观察结果）。

④注意在活动过程中培养幼儿对生命的珍爱。在种植与饲养教育活动中，幼儿通过亲自操作，懂得植物、动物都是有生命的。操作的过程本身就是生命教育。例如，把植物拔掉就不会再生长了，小金鱼死了就不会再回来了，等等，使幼儿懂得生命是可贵的，并且是不能逆转的，

从而培养幼儿对生命的珍爱。

另外，在种植与饲养教育活动中，可以加入一些人与自然的内容，让幼儿懂得爱护植物、动物就是爱护地球、爱护自己的家园。

2. 测量活动的设计

测量是人类生活中精确交换信息的一个重要方面，对于幼儿来说，学习测量可以准确地认识周围世界，适应社会生活。测量是用量具或仪器来测定物体的尺寸、角度、几何形状或表面相互位置的过程的总称。幼儿科学教育活动中的测量是指通过观察或运用简单的测量工具，对物体进行简单的、初级的测定。测量活动对幼儿以数做精确的表达是很有帮助的，同时可以培养幼儿严谨的科学态度。

（1）测量活动的目标

在幼儿学科学的过程中，测量作为科学领域的一项内容有重要意义。测量可以帮助幼儿更准确地观察、认识周围的世界，获取关于时间、空间等方面的具体经验。幼儿园的测量活动晚于分类活动，其主要目标包括：以测量为工具，将事物的属性及其关系数量化，培养幼儿数量化思维的发展。数量化思维是幼儿思维发展的一个重要方面。运用简单的测量方法，对周围世界以数做精确表达，使幼儿初步知道通过测量可以获得量化的信息。学习使用不同的简单工具进行测量的方法，培养幼儿对测量的粗浅认识。

（2）测量活动的内容

幼儿园关于测量的科学教育活动不是很多，测量的一般内容有：物体的长度、高低、粗细、厚薄、宽窄、轻重、温度等。测量的类型分为观察测量、自然测量、正式量具测量。自然测量和正式量具测量，因为小班、中班幼儿年龄小不适合进行，所以一般在幼儿园大班进行。小班、中班幼儿可以进行一些粗浅的观察测量。幼儿园测量活动的内容是根据测量活动的类型来设计的。

①观察测量。观察测量是指通过眼睛、手等感官来测量物体。例如，用手来测量温度，用眼睛来观察大小、高矮等。这种依靠感官的测量一般用于特征比较明显的认识对象。一般来说，这样粗浅的测量在小

班进行，但是不是科学活动的测量，往往是与其他领域的内容相结合进行的。

②自然测量。自然测量，就是不采用标准的量具，利用一些自然物对物体进行直接的测量，往往不能做理论依据。例如，用步长、手长等作为量具。但是，自然测量的误差比较大，幼儿之间的对比会有差异。

③正式量具测量。正式量具测量是指以通用的标准量具对物体进行测量。幼儿对正式量具的认识，能够让幼儿掌握量具的作用，掌握概念性较强的知识。幼儿使用的量具主要有尺、天平、温度计、钟表、秤等。幼儿掌握正式量具的操作和使用方法是有困难的，教师要教会幼儿如何使用，或者能够简单地读懂量具上刻度所表示的意义。

(3) 测量活动的指导

①帮助幼儿学习自然测量。由于测量技能本身的要求，幼儿还难以掌握测量的技能和方法，因此需要教师指导。幼儿学习测量首先是从直接比较两个并列的物体入手，所以在幼儿园阶段自然测量是最常用的测量方法。教师要从身边的物体开始，教会幼儿用自然测量的方法来区别物体之间的物理差异。例如，用手测量桌子的宽窄，小朋友之间比较高矮等。

②帮助幼儿学习正式量具测量。幼儿需要学习如何使用正式量具进行测量，进而培养幼儿的测量意识。由于正式量具具有精确性，因此幼儿使用的正式量具一定要经常进行校正。只有保证量具的精确，幼儿形成的概念才能正确。在学前期，幼儿已经有了通过测量来认识周围物体的需要，因此，需要让幼儿从小树立应有的测量意识，特别是培养幼儿用量具对物体进行测量的意识，这是幼儿更精确细致地认识事物必不可少的手段之一。

3. 信息交流活动的设计

信息交流是指幼儿将获得的有关周围环境的信息，以语言的或非语言的形式进行表达和交换。信息交流是讨论的一个阶段，是指幼儿互相交流自己获得的经验、信息和感受。信息交流使幼儿感知到对周围世界的第一印象在头脑中形成的表象，通过语言交流或其他方式表达出来，进而使幼儿对事物的理解更加清晰，更能客观地评价别人的探索成果。

（1）信息交流活动的目标

在幼儿学科学的活动中，幼儿通过各种方法获得大量的有关客观世界的信息，以及自己在探索过程中的感受。信息交流活动的目标就是让幼儿通过讨论、交流自己对周围世界的观察过程和结果，提出疑问，抒发愉悦、惊奇等情绪，和同伴分享所得的结果，以此来掌握科学概念和事物发生、发展的客观规律。

（2）信息交流活动的内容

幼儿的科学知识是在探索、讨论中形成的。信息交流活动对幼儿的知识经验和语言交流有一定的要求，一般在中班下学期或大班进行。信息交流活动的内容与信息交流的类型相关，一般根据信息交流的类型确定活动内容。

①信息交流中的语言方式。信息交流中重要的是语言的交流。由于幼儿年龄小，还不能用文字来记录自己的发现或感受，只能用语言来描述。所以，信息交流活动中语言的方式是描述法和讨论法。描述法是指在教师的指导下，幼儿用语言向同伴或教师讲述自己在科学探索中的发现、疑问等。讨论法是指幼儿与同伴之间、幼儿与教师之间通过口头语言，表达、交流自己在科学探索中的发现。

②信息交流中的非语言方式。幼儿由于年龄小，面对自然界的丰富多彩以及自身众多的发现，难以全部用语言来交流，同时又容易忘记自己的发现。所以，图像、动作、表情等就成了幼儿主要的交流方式。

图像记录。图像记录是指对周围环境进行观察后，用各种不同方式，如数字、表格、绘画等记录发现、认识、感受和体验。图像记录既是幼儿观察活动的一个方面及表达的一种形式，也是对幼儿进行科学教育的一种手段和方法。它不仅可以培养幼儿观察周围环境的兴趣，还可以提高幼儿观察的积极性和主动性，如探究活动记录、生长记录、种子发芽记录等。

手势、动作、表情记录。当幼儿在科学探索中遇到一些难以用语言

③科学故事。科学故事是科学内容和故事相结合的产物。它把科学技术上的发现、发明及发展，常见自然现象的科学原理，动植物的生活习性及其他物体的特征、性能等知识融入有人物、情节的故事中。

④谜语。谜语是通过隐喻和暗示，提供某些根据和线索供人猜测的一种隐语。科学活动中的谜语主要是以具体的自然物和某种现象为谜底，通过对该物体或现象的特点进行描绘，影射谜底，对幼儿进行科学教育。

⑤多媒体。多媒体是以动态的画面向幼儿展示科学内容的一种方式。它比书本更生动地为幼儿提供大量的科学信息。例如，利用多媒体制作动态视频展示植物的生长周期。此外，教师还要注意新闻媒体对幼儿科学知识教育的作用。

(3) 早期科学阅读活动的指导

①利用科学活动的各个环节，对幼儿进行早期科学阅读。幼儿园的集体活动都有一定的活动环节，在这些环节中，教师要善于运用早期科学阅读的内容，如开始部分可以用谜语的形式吸引幼儿的注意力。例如，"认识花生"，可以利用"麻屋子，红帐子，里面坐个白胖子"的谜语开始。中间部分可以用科学故事或科学童话说明事物的特性。例如，"小蝌蚪找妈妈"，用小蝌蚪找妈妈的过程来说明蝌蚪变成青蛙需要的环节。结尾部分也可以用早期科学阅读的相关内容，引起幼儿对活动内容的反思和对事物未来发展的探索。

②早期科学阅读的材料要适合幼儿的年龄特点。早期科学阅读是科学教育的重要手段，不同年龄阶段的幼儿选择的阅读材料虽然有所不同，但是早期科学阅读作品应该围绕一个科学现象或概念展开。教师指导幼儿阅读时，也要注意科学概念的范畴，不能包含太多内容，以免幼儿难以理解。

③结合幼儿园的科学主题活动指导阅读。幼儿园的主题活动一般来说与科学领域的联系比较多。因此，可以结合幼儿园的主题活动来指导幼儿进行阅读活动。通过阅读开阔幼儿的眼界，使幼儿产生丰富的想

象，另外科学活动阅读，不要求幼儿掌握阅读内容，只要求幼儿理解其中的道理即可。

④教师在早期科学阅读活动中，指导幼儿掌握科学知识。由于幼儿年龄的关系，幼儿对于阅读重点把握得还不准确。教师要带领幼儿，运用提问的方式一起阅读，在阅读中寻找答案。然后，围绕阅读的重点开展活动，对于重点内容，教师要适当进行指导。教师要鼓励幼儿总结、归纳主要内容，使幼儿能够比较深入地理解阅读的主要内容。

## 三、幼儿数学教育的目标、内容

学前期的幼儿正处在逻辑思维萌芽和初步发展时期。由于数学学科结构和知识体系较为系统、严谨，逻辑性十分突出，所以数学学习对幼儿逻辑思维能力的初步发展、良好思维品质的形成有着重要的作用。因此，在确立幼儿数学教育目标和选择数学教育内容时，要以幼儿的发展、社会的要求和学科的特点为依据。

（一）幼儿数学教育的目标

幼儿数学教育目标是对幼儿进行数学教育的依据和准则，它体现了对幼儿进行数学教育的目的和要求。数学教育目标的确立为教学内容的选择提供依据，为数学教育活动的评价提供标准。

1. 幼儿数学教育的总目标

数学教育的目标可以理解为：对周围环境中事物的数量、形状、时间和空间等有强烈的好奇心和求知欲。能运用各种感官感受事物的数量关系，获得有关数、量、形、时间、空间等感性经验，体验数学的重要性和趣味性。学习用简单的数学方法，解决生活和游戏中简单的问题，并用适当的方式表达、交流解决问题的过程和结果。学习正确使用数学操作材料，养成良好的学习习惯。

2. 幼儿数学教育的年龄阶段目标

幼儿数学教育的年龄阶段目标可分解为三个目标：目标1为初步感知生活中数学的有用和有趣，目标2为感知和理解数、量及数量关系，目标 3 为感知形状与空间关系。

3. 幼儿数学教育的分类目标

数学教育的总目标和年龄阶段目标都包含了幼儿数学教育的情感目标、方法与技能目标、认识目标的培养过程,具体分类如下。

(1) 数学教育的情感目标

幼儿数学教育的核心是情感和态度。幼儿对数学的好奇心、求知欲都是幼儿学习数学的内部动力。幼儿对事物的数量、形状等产生兴趣,会为幼儿的智力活动提供最佳的情绪背景,同时在活动探索中也将逐渐培养起幼儿对数学学习本身及一切学习活动的积极情感,使幼儿爱学习、会学习。幼儿只有愿意参加数学活动,才可能观察到、感知到环境中事物的数量、形状等;幼儿只有喜欢数学活动,对数学活动感兴趣,才可能积极主动地投入活动中,才可能去探索、发现更多相关的数学现象,从而获得有关数、量、形状、空间和时间的感性经验。

(2) 数学教育的方法与技能目标

数学教育的方法与技能对幼儿数学知识的掌握起决定性作用。幼儿的数学认知是从外部动作开始的,并逐渐内化。因此,培养幼儿正确使用数学操作材料的技能至关重要。幼儿通过与各种相关数学材料发生作用而对其中蕴含的数学关系有所感受。例如,"一一对应"的操作、分类操作、数字分解组合操作等。幼儿掌握了材料的操作技能后,才能在数学认识的学习过程中举一反三,从而获得有关数学关系的感知和认识。

幼儿在生活中会接触到许多用数学知识来处理的问题。在数学教育中要注意让幼儿学习运用适当的方法进行表达、交流、操作、探索,并运用已经掌握的方法解决生活和游戏中的某些问题。

学习解决问题不是简单地运用已知的信息,而是需要对已经掌握的方法、知识进行再次思考和重新组合,找出解决问题的方法。当问题被解决后,幼儿的能力也会得到提高。

(3) 数学教育的认识目标

幼儿的知识是在与环境交互作用的过程中逐步建构并不断丰富的。

这种相互作用的过程不仅让幼儿获得经验，即建构知识，同时也让幼儿获得"做"的能力，即会做和知道怎么做，这种能力也是知识。幼儿能够在生活和游戏中感受到事物的数量关系，在日常生活中获得有关数、量、形、时间、空间等的感性经验。

人的认识能力的发展远比获得知识重要得多。数学是一门培养和锻炼思维能力的基础学科，幼儿在构建一些初级的数学概念的过程中，需要对所操作的材料进行比较、分析、综合、概括，才可能将有关的数学概念的本质属性从具体的事物中抽象出来，这一过程对幼儿思维能力的发展具有积极的推动作用。思维能力的发展使幼儿能够运用已知的信息，对信息进行加工、重组，从而能够用简单的数学知识和方法解决生活中出现的某些复杂问题，当问题解决了，幼儿的能力也随之得到提高。

### （二）幼儿数学教育的内容

幼儿数学教育的内容是实现数学教育目标的重要保证，是实现数学教育目标的媒介，是将目标转化为幼儿数学发展的中间环节，是教师设计和组织数学教育活动的主要依据。根据幼儿学习数学的规律和特点，让幼儿以一定的逻辑思维能力获得数学知识，锻炼幼儿的逻辑思维能力，可以将幼儿数学教育分为以下内容。

#### 1. 数前准备教育

感知集合是幼儿数前准备的重要教育内容，同时也是幼儿建立初步数学概念以及理解加减运算的感性基础。教师只是引导幼儿感知集合，并不要求他们理解集合的概念。幼儿阶段感知集合教育主要有分类、排序、比较、数量关系等。

（1）给物体分类、排序

分类是把相同的或者具有共同特征的东西归并在一起。当幼儿分类时，需要感知和辨认事物的明显特征，并把相同的或者具有某一共同特征的东西归在一起，形成某种物体的集合，这个过程就是幼儿感知集合的过程。引导幼儿分类时，可按照物体的名称、物体的外形特点、量的差异、物体的用途、物体间的关系等进行分类。

排序是按物体的某种特征上的差异或特定的规则排列。排序有助于幼儿建立初步的序列概念，体验序列之间的传递性、双重性和可逆性等关系。

（2）比较两组物体的相等和不等

幼儿学会用对应的方法进行两组物体之间的比较。对应是指在两个集合中，一个集合里的任何一个元素，按照确定的对应关系，在另一个集合里都有一个或几个元素与之相对应。让幼儿学会用一一对应的方法比较两个集合元素的多少，初步形成"多""少""一样多""不一样多"等概念。

（3）理解"1"和"许多"及其关系

"1"是自然数最基本的单位。教幼儿区分"1"和"许多"并理解它们之间的关系，可以体验集合与元素之间的关系。

2. 数系列教育

（1）认识和理解10以内的数

认识10以内的自然数，理解数的意义和数与数之间的数差关系，知道"没有"可以用"0"来表示；认识序数、计数、相邻数、奇数、偶数等；认读和书写阿拉伯数字；认识10以内的分解组成。

（2）学习10以内数的加法、减法和应用

3. 几何形体系列教育

能够辨认平面图形，并说出名字和主要特征；认识简单的几何体，初步形成空间概念。

4. 时间、空间概念的教育

认识并理解简单的时间概念；认识空间关系。

## 四、幼儿数学教育活动的设计与指导

幼儿数学教育活动设计是指依据一定的数学教育目标，选择恰当的教学教育内容和形式，对幼儿施加教育影响的方案。数学教育活动是教师为促进幼儿数学概念发展而开展的一项创造性工作。幼儿数学教育活动一般以专门教育的形式来完成，是教师有针对性地计划、组织和指导幼儿进行数学学习的活动。教师对幼儿数学教育的目标、幼儿学习数学的特点、教学方法的运用等的掌握程度，是决定教育活动设计、组织和指导是否成功的关键因素。

### （一）数前准备的教育活动设计

幼儿数学教育中，数前准备的主要内容就是集合，集合是现代数学中最基本的概念。幼儿数学启蒙教育中以具体集合概念和一一对应作为感性基础，利用幼儿已有的生活经验和周围环境，将集合观念渗透在数、形等方面，并先于数学教育，这样有利于幼儿形成数学概念，更有利于幼儿理解数学知识，促进计算思维的发展。

幼儿集合概念的形成、发展经历了由笼统到精确的过程。幼儿期感知集合教育是指在不教给幼儿集合术语的前提下，让幼儿感知集合及其元素，学会用对应的方法比较集合中元素的数量，并将有关集合、子集及其关系的一些思想融入整个幼儿数学教育中。

#### 1. 分类、排序教育活动的设计

（1）分类教育活动的设计

分类是幼儿认识数和学习计数的基础。分类是一种智力活动，是逻辑思维的一个重要组成部分。幼儿在学习分类的过程中感知、理解集合及其元素，分类活动能够促进幼儿分析、比较、观察、判断、综合等思维能力的发展。

分类活动是幼儿园数学教育中的一项重要内容。首先，在进行分类教育活动时，教师应教会幼儿如何感知和辨认分类对象；其次，讲明分类的标准并进行示范，逐渐提高分类的难度，同时要给幼儿一定的操作时间；最后，要谈论分类的结果。幼儿的分类能力有明显的年龄差异，在设计教育活动时要注意幼儿的年龄特点，设计符合幼儿年龄特点的分类形式。

按物体的名称分类，这是最初的分类，即把相同名称的物体放在一起。例如，在一堆玩具中找出娃娃，放在一起。一般在小班（3岁左右）的幼儿中进行这种分类活动。小班的幼儿不能按照某一特征进行分类，是因为幼儿对物体的感知是笼统的、模糊的，分不清物体的本质特

征和非本质特征，所以只能按照名称进行分类。

按物体的外部特征分类，即按照物体的颜色、形状等分类。颜色、形状的种类多少应根据幼儿的实际水平而定，一般在幼儿园中班（3~4岁）的幼儿中进行这种分类活动。中班的幼儿能够按照物体比较明显的特征进行分类。

按照物体量的差异分类。即按照物体的大小、长短、高矮、粗细、厚薄、轻重等量的差异分类。一般在幼儿园大班（5~6岁）的幼儿中进行这种分类活动。大班幼儿已经能够按照物体的颜色、形状、大小及用途等进行分类，但是不能离开具体的分类情景。

按照物体的空间方位分类，即按照天上飞的、地上跑的、水里游的，桌子上的、桌子下的等进行分类。这种分类活动一般在大班中进行。

按照数量分类，即把分类和认数相结合，既能提高幼儿的分类能力，又能加深幼儿对数的认识。这种分类活动一般在中班、大班中进行。

(2) 排序教育活动的设计

排序是建立在比较基础上的思维活动，是反映幼儿思维判断与推理能力发展状况的一项重要活动。设计排序教学活动时要按照从小到大的数量排序；从次序排序到特定规则排序；从参照排序到独立排序。排序教育要根据幼儿的年龄特点设计教学活动方案。

①按照次序关系排序。按照次序关系排序包括按照物体量的差异和数量多少的次序排列，例如，圆点卡片1~5、皮球、小棍等。

排序是以比较为基础的，最简单的比较是两两比较。排序最小的数量是3，设计小班幼儿排序活动时，可以从数量为3的物体开始排序。小班幼儿能够排好3个物体的顺序后，再逐渐扩大到4个、5个物体排序。中班可排7个，也可增加到10个。对于大数量的排序，也同样是按照先找两端、再逐一比较、最后确定序列的步骤进行。

②按照特定规则排序。按照特定规则排序包括按照物体的外部特征、量的差异、数量多少、派发位置的特定规则排序。在量的比较教学中，幼儿已经积累了一定的对物体大小、长短、粗细、高矮等量的特征

进行区分的相关经验，一般来说，次序规则在先，特定规则在后。按照量的次序规则排序实际上就是幼儿理解量的差异的一种操作表现。

幼儿通过不同形式的操作活动可以理解和掌握不同形式的排序。当幼儿积累了较多的排序经验以后，教师可以启发幼儿自己去寻找排序材料中的不同，按照自己的理解独立思考，并尽可能用不同于他人的方式来排序。

2. "1"和"许多""一一对应"的数学活动设计

（1）"1"和"许多"

"1"是自然数的基本单位，也是表示集合中元素数量的基本单位。"许多"是一个笼统多数的词汇，代表含有两个以上元素的集合。区别"1"和"许多"为幼儿正确学习逐一点数和认识10以内的数量奠定了基础。这是3岁前幼儿数前教育的重要内容，可以进行这样的设计：通过观察和比较，区别一个物体和许多个物体。采用游戏或操作的方法理解"1"和"许多"的关系。例如，1个、1个……合起来是"许多"；"许多"可以分成1个、1个……通过感官感知"1"和"许多"。如跳一下，跳许多下；找寻一个东西，找寻许多东西；幼儿园中的一个水壶，许多水杯。

（2）"一一对应"

"一一对应"就是比较两组物体的数量，确定两组物体是否一样多，哪个多，哪个少。这是不用数数进行的数量比较活动，可为幼儿将数与物建立"一一对应"的关系，进而为准确地数数奠定基础，这是3岁左右幼儿数前准备教育的重要内容。

（二）数系列教育活动的设计

数概念是数学中的基础知识，也是幼儿开始积累数学感性经验时首先遇到的问题之一。幼儿掌握数概念是一个比较复杂的过程，一般经过感知物体、产生数的表象、形成抽象数概念三个复杂的智力活动过程。这个过程既有连续性，又有一定的阶段性。不同年龄的幼儿，发展水平和接受能力是不同的。幼儿数概念的发展主要表现在计数能力的发展、数序概念的发展、认识数的组成以及加减运算等几个方面。

## 1. 认识和理解 10 以内的数的教育活动设计

10 以内数的概念的发展主要是计数能力和数序概念的发展。具体的教育活动有计数、基数、序数、数序等数学活动。在进行教育活动设计时，既要考虑幼儿认识数的特点，又要注意培养幼儿的数学思维。

（1）计数

幼儿数概念的发展是从计数开始的，并通过计数活动来实现对数的认识。

计数是一种操作活动，是以数的形式表示物体数量的活动。计数活动的实质是将具体集合的元素与从"1"开始的自然数之间建立一一对应的关系。在不遗漏、不重复的情况下，数到最后一个元素所对应的数就是计数的结果，也就是总数。

计数是一种有目的、有手段、有结果的活动。其目的是确定物体的数量，手段是一种数数的操作，结果表现为数的形式。作为一种技能，计数活动涉及三个部分：用正确的顺序说出数词；能确认可用于计数的若干单位物体；能把数词和计数的单位物体一一对应。

计数的活动设计主要有按物取数或按数取物、目测数数、按数群数数、顺着数和倒着数。在活动中要观察幼儿掌握的情况，可适时增加计数的难度，使幼儿逐步学会不受物体颜色、大小、形状、排列形式的干扰，正确判断物体的数量、掌握数量的守恒，从而真正理解数的意义。

（2）基数

表示物体数量的自然数或正整数。因自然数有单数和双数之分，所以认识单数、双数可以视为对基数含义的深入理解。

基数概念是幼儿数概念形成的开始和基础。基数的教育主要在小班、中班进行。一般的基数教育活动设计有：会手口一致地点数；学习一些常用量词；掌握 10 以内数的顺序。大班的基数活动设计有：认识 10 以内数的倒数，能够正确区分 10 以内的单数和双数。

（3）序数

自然数可以表示物体的数量，也可以表示物体的次序，当自然数用来表示事物的次序时，称为序数，通常用"第几"表示。

认识序数以认识基数为基础，因此序数的教学一般安排在基数学习之后，一般在中班进行。序数的教学活动设计一般遵循从一个方向的判断开始，然后再逐步从不同的方向判断，最后学习二维判断，即同时从两个方向来判断。指导幼儿活动时，要教会幼儿判断序数的方法；利用教具多种样式的排列帮助幼儿明确计数方向；让幼儿体验基数和序数的转换。

(4) 数序

自然数的顺序。每个数在自然数中都是按照后面的一个自然数比前面一个自然数多1的规律排列起来的，数序指的是每一个自然数在自然数列中的位置以及与相邻两数之间大小的关系。

幼儿在学习计数的过程中，已经对数字的顺序有了一些初步认识。但开始学习计数时，往往是在一个数词与另一个数词之间机械地建立起联系，并不明白数的顺序关系。幼儿通过不断的操作活动，如比较实物数量的多少和给实物排序等活动，逐渐掌握数的顺序关系。通常在幼儿园的中班、大班进行数序的学习。数学的活动设计以操作活动为主，主要包括以下内容：一是通过操作知道10以内自然数列中相邻两数之间多1和少1的等差关系；二是学习10以内的相邻数，知道相邻数之间的等差关系。设计教育活动时要注意，幼儿数概念发展的一个关键经验就是运用数序的观念排出10以内的自然数列，理解数列中数的顺序和数差关系对数字的顺序，从根本上说是和"多1"的概念联系起来的。在学完整体数列之后，开始学习相邻数。

2. 10以内数的组成和加减运算的活动设计

幼儿在发展数概念的同时，计算能力也在逐步地发展着，而且与数概念的发展有着紧密的关系。幼儿计算能力的发展具有一定的顺序性和阶段性。

(1) 10以内数的组成

数的组成是指自然数列中除1以外的任何一个数，都可以分成两个部分，这两个部分数又可以合成原来的数。也就是说，一个数（总数）可以分成几个部分数，几个部分数又可以合成一个数（总数）。幼儿学习数的组成，只是学习一个数与两个部分数之间的分合关系。

幼儿掌握数的组成既是数群概念的发展基础，也是进一步理解数之间关系的标志。幼儿对数的组成的理解比对基数、序数的理解晚一些。因为要理解数的组成，一定要理解基数，要有初步的数概念，并且要有一定的分析、综合和比较能力，幼儿必须掌握并运用集合与子集、子集与子集之间的关系（包含可逆的过程，还包含整体和部分的关系）。

数的组成的学习有助于幼儿对其中蕴含的数量关系加以感知和理解。掌握数的组成可以使幼儿从整体与部分的关系中理解数与数之间的关系，不仅能加深幼儿对数概念的理解，也能提高幼儿的思维能力。同时学习数的组成是理解加减运算的基础。

设计数的组成活动时要注意：让幼儿理解数的组成的实质是数群和子群之间存在等量关系、互补关系、互换关系。幼儿数的组成教育以操作活动为主，让幼儿在操作中理解组成的含义，并理解等量、互补、互换三种关系的意义。一般先用实物练习分与合，同时用数字表示出来，然后过渡到直接用数字进行分合练习。

等量关系，即总数可以分成相等或不相等的两个部分数，两个部分数合起来等于总数。

互补关系，即在总数不变的情况下，一个部分数逐渐减少或增加，另一个部分数就逐渐增加或减少。

互换关系，即两个部分数交换位置，总数不变。

由于数的组成实质上是一种概念水平上的数运算，因此要引入运算符号，这种数运算也就变成了形式上的加减运算。例如，幼儿把 4 分成 3 和 1，以及将 3 和 1 合起来是 4 时，就可以导出"$3+1=4$""$4-1=3$"。因此，学习数的组成可以为幼儿学习加减运算积累感性经验。幼儿在抽象水平上掌握数的组成之间的数群关系，也就直接成为掌握加减运算中数群关系的基础。4 岁之前的幼儿不能理解数的组成，5 岁以后，幼儿能初步理解数的分合，但不全面、不稳定，表现为常常漏掉某一种组成形式，并且对互换关系的实际意义不太理解。5 岁半以后，幼儿对数的组成的理解能力发展较快，6 岁半左右能基本掌握数的组成。所以在幼儿园数学活动中，小班、中班不进行数的组成教育，中班下学期可以进行简单的渗透，大班开展数的组成教育。

（2）学习10以内的加减法

学习10以内的加减运算，目的是让幼儿初步理解加法（求和）、减法（求差）的含义。幼儿需要掌握10以内整数的加减运算，并以此解决日常生活和游戏中遇到的实际问题。

幼儿计算能力是在各种活动中以及成人的教育影响中逐步发展起来的。3岁以下的幼儿对加减运算基本上处于朦胧状态。3岁以上的幼儿开始进入加减法的实物操作阶段。4岁左右的幼儿一般会自己运用实物进行加减运算，但在进行加减运算时，需要将表示加数和被加数的两堆实物合并，再从第一个开始一个一个地逐一点数后说出总数。在进行减法运算时，幼儿也一定要把减掉的实物部分拿掉，再逐个数剩下的物体个数，得到剩余数。5岁以后，幼儿学习了顺数和倒数，能够将顺数和倒数的经验运用到加减运算中去。这时，多数幼儿可以不用摆弄实物，而用眼睛注视物体，心中默默地进行逐一加减运算。5岁半以后，随着幼儿数群概念的发展，特别是学习了数的组成以后，幼儿在教师的引导下，开始运用数的组成知识进行加减运算，从逐一加减向按数群加减的方向发展。

10以内加减法的教育活动设计发展到从通过实物进行运算到运用表象进行运算，最后到运用符号进行列式运算。中班、大班会进行加减运算能力的教育，而小班则不进行。教育活动进行中，在开始运用实物进行教育时，要注意幼儿在计算总数时，点数要准确。口述应用题时，要使幼儿理解加减法的含义，感知加减之间的互逆关系，认识运算符号及加减算式并知道算式表示的意义。进行符号运算时，要让幼儿由感知动作水平、形象表象水平上升为感知抽象水平，使幼儿掌握更多的运算技巧和方法。

（三）几何形体系列教育

几何形体是对客观物体形状的抽象和概括，具有普遍性和典型性。数学概念中的形包含平面和立体两部分，几何图形是指点、线、面以及它们的集合。平面内由点、线、面构成的图形叫平面图形，是在同一平面内的图形，没有厚度；由空间点、线、面构成的图形叫立体图形（三维空间），是由面围成的封闭的图形，有长、宽、高。

幼儿认识几何图形的难易顺序是先平面图形后立体图形。认识平面图形的一般顺序是：圆形、正方形、三角形、长方形、半圆形、椭圆形、梯形等。认识立体图形的一般顺序是：球体、正方体、圆柱体、长方体等。幼儿在认识几何图形时，经常把几何形体和实物混淆，且形与体不分。例如："圆的"，既包括圆形、椭圆形，也包括球体；"方的"则包括正方形、长方形、正方体、长方体。此外，幼儿往往还受图形大小、排放形式的影响，不能正确判断图形。

几何形体的设计要考虑幼儿认识几何形体的顺序，要先认识平面图形，然后认识立体图形。幼儿要能够在充分感知几何图形的基础上，认识几何图形并能说出几何图形的名称。由此教师在教学设计中，应让幼儿看、摸、感知有形物体，再逐步抽象出平面图形，并引导他们用正确的语言表达。然后通过图形分类，帮助幼儿了解图形的主要特征并初步理解图形之间的关系。

几何形体的认识有些难度。帮助幼儿认识几何形体时，可先让幼儿充分地观察、触摸、摆弄几何形体，感知几何形体的特征，然后通过和平面图形进行比较来认识几何形体，给几何形体命名。

（四）时间、空间概念的教育

时间、空间概念的认识对于幼儿来说是有一定难度的，幼儿理解时间、空间的概念时经常以自我为主体，然后逐渐过渡到客观地认识时间、空间。

1. 时间概念的活动设计

时间是物质世界运动变化过程的持续性和顺序性。任何客观物质都要经过一个持续发展的过程。时间具有流动性、不可逆性、连续性、均匀性、无直观性、相对性等特点。

幼儿认识时间概念有自身的特点，既容易受生活经验的影响，又容易受知觉的影响，把时间和空间等同起来理解，还容易理解短的周期时间顺序。在进行教学活动设计时，要遵循幼儿认识时间的特点，按照幼儿对时间概念认识的发展规律，逐步理解和掌握单位时间的词汇和含义。

幼儿掌握时间比较困难，一般把时间同具体的事件结合在一起。教幼儿认识时间，主要通过日常生活、游戏等进行。设计教育活动时，不论哪个年龄段的幼儿，让他们理解表示时间阶段（单位）的词汇时，都要将它们与幼儿日常生活中的活动、具体时间以及幼儿的生活经验联系起来，使幼儿对时间的认识建立在生动、直观形象的基础上。

小班的时间认识一般是认识早上、晚上、白天、黑夜，并能运用这些词汇。教师可以把一天的各个部分与幼儿的具体活动结合起来，通过提问帮助幼儿理解具体的时间概念。例如，通过提问"天亮了，小朋友起床了是什么时候？""在幼儿园和小朋友上课做游戏是什么时候？"来帮助幼儿准确认识早上、白天等时间概念。先认识早上、晚上的时间概念，然后再认识白天和黑夜。利用图画书等帮助幼儿理解"一天"的时间概念，认识一天的各组成部分之间是连续的、不可分割的。

中班的时间认识是昨天、今天、明天、星期等。教幼儿认识昼夜的交替等时间概念时，也应结合幼儿的生活经验，选择幼儿感兴趣的、印象深的事情，提出问题，进行交谈。例如，教师可以问幼儿"昨天玩什么游戏了？""今天我们做什么了？""我们哪天要去春游？"，通过这些谈话加深幼儿对时间的理解，同时通过日常活动强化幼儿对时间的认识。幼儿理解时间的概念需要一段时间，需要不断反复的过程，这样才能很好地理解时间的具体概念。

大班的时间认识可以是对具体的钟表、整点、半点、日历的认识。时钟的认识是大班幼儿时间概念中的一个重点和难点，可以对幼儿进行时钟认识的讲解，引导幼儿了解时钟的用途，认识钟面的结构，演示讲解时针、分针转动的方向和规律，认识整点和半点，在日常生活中巩固对时间概念的具体认识。

2. 空间概念的活动设计

空间是客观世界运动着的物质存在的基本形式。客观世界中的任何一种物体都存在于一定的空间之中,都占有一定的位置并且与周围的物体之间存在着相互位置关系。空间方位是指对客观物体的相互位置关系的认识,是狭义的空间概念。幼儿园中学习的就是狭义的空间概念。对于空间方位,一般用上下、前后、左右等词汇来表示。

物体位置的辨别需要有一个基准,就是以什么为基准来确定客体的空间方位。基准不同,空间方位就截然不同。所以在帮助幼儿辨别空间方位时,确定基准是十分必要的。物体的空间方位关系是相对的、可变的和连续的。幼儿对空间方位关系的辨别有赖于自身思维能力的发展,特别是幼儿思维相对性的发展。

空间方位的教育活动设计要遵循幼儿辨别空间方位的顺序,如上下、前后、左右,并且是以自身为中心的定位逐渐过渡到以客体为中心的定位。在进行以客体为中心,区分上下、前后、左右的教学设计时,教师可以运用演示和幼儿观察比较的方法,还可以运用操作和游戏的方法。同时,教师可以通过确定不同的物体作为主体进行比较,采用改变主体位置的方式让幼儿在演示性操作中感知和理解空间方位的相对性、连续性、可变性。

小班的幼儿只能辨别上下、前后,只能理解自己能直接感知的狭小区域的空间方位。例如,自己身体的前后和正对着自己的物体等的空间方位。对于不是正对着自己身体的物体,就无法辨认。所以,设计小班教育活动时,要以幼儿的身体为基准,辨别空间方位。

中班幼儿的空间概念发展最快,幼儿能够熟练地辨别上下、前后,并开始以自己为中心辨别左右方位,能够辨别较远距离的物体和稍偏离上下、前后、左右方位的物体的方向。设计教学活动时,可以考虑幼儿发展的实际情况,增加难度,逐渐过渡到以客体为基准。

大班幼儿能够熟练地辨别上下、前后,并能以自我为中心分辨左右,判断自我与物体之间的左右关系。在此基础上,能够以客体为中心辨别左右。由于幼儿对对面客体的左右方位认识与对自己左右方位的认识正好相反,所以理解起来比较困难。在开始对幼儿进行左右方位教学时，尽量不以对面的物体为中心来分辨左右。

### （五）幼儿数学教育活动的指导

幼儿数学教育活动大多是以集中教育活动的形式进行的。因为集中教育活动能够集中地实现教育目标，而且教师比较容易组织全班幼儿的学习活动。在幼儿数学教育中，多数教学内容需要教师在集中教育活动中进行演示、讲解、讨论，引导幼儿学习。小组活动、区角活动等都是对集中教育活动内容的巩固和提高。

1. 引导幼儿主动学习

教师在进行数学教育活动时，要注意运用各种教学方法，引起幼儿学习的兴趣。可以通过游戏的形式引导幼儿学习。例如，"送图形回家"，把圆形、三角形等图形按照要求——对应地送回到"家"里；也可以直接提出问题，激发幼儿的好奇心和探索的愿望。

2. 为幼儿提供足够的时间和空间

在数学教育活动中，操作活动是经常运用的教学方法。在幼儿进行操作的过程中，教师要给予幼儿足够的时间和空间，让幼儿充分地尝试和探索，寻求解决问题的方法，发现其中的数学关系。在幼儿活动的过程中，教师要仔细地进行观察，了解幼儿活动的过程和活动特点，必要时给予幼儿鼓励和指导。在幼儿进行操作时，教师要让幼儿充分地尝试和探索，让幼儿自己找到更快、更多的解决问题的方法。

3. 帮助幼儿形成系统化的知识经验

对于幼儿在活动中获得的经验，教师应帮助幼儿归纳，使幼儿获得的零散、点滴的经验得到及时的整理。在经验整理的过程中，将幼儿获得的经验系统化、概括化，并形成一定的结构，这样幼儿能够运用已有的知识经验去学习、吸收新的知识。形成结构的知识经验，不仅易于储存，也便于今后使用时的检索和提取。

4. 数学知识的讲解要准确

在数学教育活动中，一些数学知识是教师直接指导幼儿进行学习，在学习的过程中，教师讲授的知识要准确，不能有偏差。

在幼儿数学教育中，有些数学知识、技能需要教师示范、讲解、指导幼儿学习。例如：认识和书写阿拉伯数字；认识一些数学符号（加号、减号、等于号等）。

新的数学活动或游戏，教师需要在进行前集中讲解、演示，让幼儿明确在活动中要做什么，怎样去做。

幼儿对一些数学关系是难以独自发现和感知的，需要教师结合幼儿生活中的经验或设计一定的情景，引导幼儿观察、讨论，使幼儿对数学关系有所感知和体验。

5. 教师的提问要有逻辑性

数学教学离不开师生之间的互相交流，师生之间互相交流的常用方法就是问答。问答是一种互动行为，因为在教师的提问行为中，有幼儿行为的介入。教师在提问时要注意以下三个问题。

（1）教师的提问要清晰

教师的提问要清晰、准确，问题不能太难，要让幼儿知道应该回答什么。教师一次只能提出一个问题，这样幼儿才能记住并思考教师提出的问题。

（2）给幼儿思考问题的时间

教师把问题提出来以后，应该让幼儿有短暂的思考时间，然后再请幼儿回答。这是因为问题提出后，立刻让幼儿回答，幼儿常来不及思考，同时会紧张，影响回答。

（3）对幼儿的回答要及时肯定

幼儿回答问题后，不论是对是错，教师都要积极地回应，表示对幼儿的肯定。如果幼儿未能正确回答，教师可以提供线索，引导幼儿回答。或者将问题分解为小问题，降低难度，使幼儿容易回答。

6. 指导要有针对性

幼儿数学教育的活动形式有许多种，在指导数学教育时，要根据幼儿的实际情况，有针对性地进行指导。如小组活动中，教师要针对不同幼儿的发展水平，为幼儿创设良好的数学学习环境，提供充分的、多层次的学习材料。这样可以使幼儿有充分的机会选择与自己发展水平相适应的材料进行学习，同时在这一过程中，幼儿之间也有更多的交往和学习机会。

在区角活动中，教师要向幼儿介绍新材料的使用方法、新活动的要求与规则，使幼儿知道怎样做、怎样玩。同时要对幼儿之间存在的差异进行个别指导。

## 第二节 幼儿园艺术领域活动设计

### 一、幼儿音乐教育的目标、内容

幼儿音乐教育活动是有目的、有计划的教育活动。音乐教育能够丰富幼儿的情感，培养初步的感受美、表现美的情趣和能力。

#### （一）幼儿音乐教育的目标

幼儿音乐教育的目标是对幼儿音乐教育达到标准的一种期望，目标不仅制约着音乐教育的整个实施过程，也是一切音乐教育行为的出发点和归宿。确立幼儿音乐目标主要依据的是幼儿音乐发展的特点和规律，社会对幼儿音乐教育的要求，以及音乐教育学科本身的特点。

1. 幼儿音乐教育的总目标

幼儿音乐教育的总目标和年龄阶段目标与美术教育一致，都是艺术领域的目标。只是在音乐教育、美术教育两个领域各自有学科本身的特征。

2. 幼儿音乐教育的分类目标

幼儿音乐教育的分类目标要参照《3~6岁儿童学习与发展指南》中对艺术教育目标的定位和要求，幼儿音乐教育的实施，分为认知目标、情感目标、技能目标。

（1）认知目标

幼儿音乐教育的认知目标，可以从掌握幼儿音乐教育中各种有关的音乐知识入手，以及认知能力方面的发展要求。例如，"能正确地唱准曲调""能认识各种打击乐器"等。

(2) 情感目标

幼儿音乐教育的情感目标包括幼儿在音乐教育中的情感体验和表达能力的发展，以及对音乐活动的兴趣和爱好的发展。例如，"喜欢歌唱""喜欢参加打击乐的演奏""乐意参加舞蹈活动，并体验到快乐"等。

(3) 技能目标

幼儿音乐教育的技能是指在音乐教育中，幼儿用身体动作进行音乐体验和表达的能力。例如，"能够掌握基本的歌唱技能""能够跟随音乐节拍做动作"等。

## (二) 幼儿音乐教育的内容

幼儿音乐教育的内容包括：歌唱活动、韵律活动、打击乐活动。幼儿音乐教育的这几个方面各自独立又相互联系。

### 1. 歌唱活动的内容

歌唱是人类表达、交流思想感情最自然的方式之一，更是幼儿表达自己思想情感的一种方式。对于幼儿来说，歌唱是他们日常生活中不可缺少的一个重要组成部分。歌唱既能给幼儿的生活带来无穷的乐趣，同时它还具有中介的教育价值，能在潜移默化的审美熏陶中陶冶幼儿的情操、启迪幼儿的心智、完善幼儿的品格。因此，歌唱是幼儿音乐教育的一个重要内容。

(1) 歌唱的基本知识与技能

①保护嗓音。关于保护嗓音的一些基本常识，也应及早地让幼儿掌握。例如，不大声喊叫着唱歌；不在剧烈运动时或剧烈运动后大声地唱歌；不长时间地连续唱歌；不在空气污浊的环境中唱歌；不在咽喉发炎时唱歌等。此外最关键是要及时教给幼儿正确的唱歌发声方法。

②姿势。正确的唱歌姿势是指无论是站着还是坐着唱歌，都应保持身体和头部的正直、放松；两臂自然下垂或放在腿上；两眼平视，两肩放松；口型保持长圆形，嘴唇的动作要求自然，根据正确的咬字及发声

的需要适当地张开嘴，应避免嘴角向两边延伸成扁圆形。

③呼吸。呼吸是唱歌的动力。只有唱歌时有气息的支持，才能保持或延长歌声。唱歌时正确的呼吸方法应该是自然地吸气，均匀地用气，并尽量在呼吸时一次吸入足够的气息并保持住，然后在演唱时根据乐句和表情的需要慢慢地、有节制地运气。另外，在呼吸的时候还应注意不抬头、不耸肩、不发出很大的呼吸声，一般不在乐句的中间换气，而是按照一定的乐句规律来换气。

④发声。正确的发声方法是使歌声优美、动听的基本要求。要使幼儿学会用"自然美好的声音"来唱歌，就必须运用一定的发声技巧。首先，幼儿的下巴放松，嘴巴自然打开，用自然的声音唱歌。其次，不大声喊叫，也不过分地克制音量。一些害羞、胆小、自卑的幼儿往往在唱歌时非常拘谨、紧张，而一些表现欲望强的幼儿往往会大声喊叫着唱歌，这些都是要加以纠正的。

⑤咬字。唱歌和说话一样，需要咬字清楚，才能表情达意。但由于受到歌曲旋律和节奏的影响，对幼儿来说，唱歌时的咬字比说话和念儿歌困难。有的幼儿会因为吐字器官配合不当，出现个别字音咬不准的情况；有的幼儿由于对歌词词义的不理解而吐字含糊不清；还有的幼儿由于歌曲速度快，个别乐句节奏短促或一字多音而产生吐字方面的困难等。针对这些情况，要教给幼儿正确的吐字方法，可以从培养吐字器官（唇、齿、舌、喉）的相互配合开始，所以小班的歌唱活动一般是以"歌唱韵律"的形式来组织的。

⑥协调一致。协调一致是指在集体歌唱活动中，幼儿能够掌握一些正确的与他人合作的技能。首先，表现为歌唱时不使自己的声音太突出，能够有意识地将自己的歌声和谐地融入集体的歌声之中；其次，在接唱、轮唱、二声部合唱等不同的表演中，能够做到准确地与其他幼儿、其他声部相衔接，保持音量、音色、节奏、力度等方面的协调，以及声音表情、脸部表情和动作表情方面的和谐一致。而集体唱歌协调一致的训练是在幼儿成长的过程中逐渐提出，对年龄小的幼儿应该只提基

本要求。

(2) 歌唱的基本表现形式

不同的歌唱表演形式可以表达出不同的演唱效果。在幼儿的歌唱活动中，可根据歌唱者的人数及合作、表演方式的不同，将歌唱的形式分为以下几种。

①独唱。独唱是指一个幼儿独立地唱歌或独自演唱。

②齐唱。齐唱是指两个或两个以上的幼儿在一起整齐地唱同一首歌曲，这也是幼儿园集体歌唱活动的一种最主要的形式。

③接唱。接唱是指将一首歌曲分为几个乐句，由幼儿分组轮流一句一句地演唱。

④对唱。对唱是指个人与个人、小组与小组间以问答的方式各自唱歌曲中的问句和答句。

⑤领唱。领唱是指由一个幼儿或几个幼儿唱歌曲中比较主要的部分，集体唱歌曲中配合的部分。

⑥轮唱。轮唱是指两个声部按一定间隔先后开始唱同一首歌曲。

⑦合唱。合唱是幼儿歌唱学习中的重要音乐体裁，是指两个不同声部相配合的集体演唱形式。合唱有助于培养幼儿的合作能力，有助于幼儿美化心灵，扩大视野，陶冶情操和身心健康地发展。

2. 韵律活动的内容

在幼儿音乐活动中，音乐与身体动作常常是不可分割的。随着音乐进行身体动作活动，不仅是幼儿学习音乐与舞蹈、体验和表达情感最自然的方式，也是幼儿音乐教育的一项极其重要的内容。韵律活动在幼儿园教育活动中占有非常重要的地位。

(1) 幼儿韵律和舞蹈活动

所谓的韵律和舞蹈活动是指在音乐的伴奏下，以协调性的身体动作来表现音乐的活动，是一种常规性的音乐教育活动。在实际的幼儿音乐教育活动中，身体动作和音乐往往是密不可分的，动作是幼儿表达和再现音乐的一种最直接而自然的手段。韵律和舞蹈活动既能满足幼儿对音乐的参与、探究的需要，获得表现和交流的快乐体验，又能够促进幼儿身体运动能力和协调性的发展以及音乐感受力、表现力和创造力的培养。因此，幼儿韵律和舞蹈能力的发展是一个渐进的过程，体现出一定的年龄特点。此外，要结合幼儿生理机能的发展来设计活动的韵律和舞蹈动作的内容，幼儿韵律和舞蹈活动的主要内容是学习音乐伴奏下的韵律动作和舞蹈。

(2) 韵律和舞蹈活动的基本技能类型

①律动。律动是在音乐伴奏下的韵律动作，可分为基本动作、模仿动作和舞蹈动作。

基本动作是指幼儿在反射动作的基础上发展起来的日常生活的动作。如走、跑、跳、拍手、屈膝、晃手等。

模仿动作是指幼儿模仿特定事物的外在形态和运动状况所做出的身体动作。如动物的动作——鸟飞、兔跳、鱼游等；自然形象——花开、风吹、下雨等；日常生活的工作——洗脸、梳头、照镜子等；成人劳动或活动的动作——摘果子、锄地、骑马、打枪等；幼儿游戏中的动作——坐跷跷板、拍皮球等。

舞蹈动作是指幼儿要学习和掌握的舞蹈表演动作，主要是一些基本肢体、步伐动作。如小班幼儿要掌握碎步、小跑步；中班幼儿在此基础上要掌握跳步、垫步、侧点步、踵趾小跑步、踏点步、踏踢步；大班幼儿要掌握进退步、交替步、溜冰步、跑跳步、跑马步、秧歌十字步等。除此之外，还包括一些简单的手和臂的动作。如中班幼儿要学习和掌握"手腕转动"；大班幼儿则学习基本的"提压腕"，手臂的动作主要是平举、上下摆、弯曲和划圈等，这些也属于专业性舞蹈动作学习的内容，有一定的技术难度，所以，在常规性的幼儿韵律活动中，使用频率不多，大多是为了韵律活动的完整性而运用。

②律动组合。律动组合是指按照一首结构相对完整的乐曲组织起来

的韵律动作组合。一般可分为身体节奏动作组合、模仿动作组合。

身体节奏动作组合是指最基本的身体动作的组合。例如，击掌、跺脚、拍腿、捻指等身体动作组合，其动作本身没有特别的意义，注重的是动作的节奏性。

③幼儿舞蹈。幼儿舞蹈的专业学习要遵循幼儿年龄和身体的发育情况，科学地进行指导和练习。幼儿舞蹈专业学习包括芭蕾舞、民族舞、国标舞、集体舞等。幼儿基本舞蹈训练、幼儿基本舞步的学习主要以模仿、练习为主，使幼儿懂得幼儿舞蹈的基本知识（包括特点、风格及类别），掌握一定的舞蹈基本动作及舞蹈训练的一般规律，培养良好的舞蹈审美情趣，并在学习、表演中获得丰富的艺术审美经验。幼儿舞蹈的内容主要有舞蹈动作、舞蹈动作组合。

舞蹈动作是指经过多年文化积淀，已经基本程式化的艺术表演性动作。幼儿要学习和掌握的舞蹈动作，主要是一些基本舞步和肢体动作，如芭蕾舞的基本动作、民族舞的基本动作、国标舞的基本动作等。

舞蹈动作组合是指以舞蹈动作为主的韵律组合。它比较注重动作的组织结构，可以有表现简单情节的表演舞组合，也可以有结构较自由、松散的自娱舞组合和以队形变化、舞伴间交流为主的集体舞组合。除此之外，还有芭蕾舞组合、民族舞组合（包括秧歌舞组合、铃鼓舞等）、国标舞组合（包括牛仔舞、恰恰等）、环操、绳操等。

幼儿舞蹈是动作艺术。它是以经过提炼加工的人体动作作为主要表现手段，运用舞蹈语言、节奏、表情和构图等多种基本要素，塑造舞蹈形象、表达人们思想感情的一种表演艺术。

幼儿舞蹈的表现形式主要有集体舞和表演舞。集体舞是幼儿园舞蹈律动的一种重要表现形式，是许多小朋友参加的、有一定的队形和规定动作并可交换舞伴的舞蹈形式。它是幼儿交流和分享音乐感受的一种很好的形式。表演舞是集歌唱、舞蹈、表演于一体的综合表演形式，通过综合艺术的表现形式来反映幼儿的思想情感，主要特点是用肢体动作、面部表情等表达音乐形象和歌曲内容。幼儿在表演的过程中，聆听悠扬的旋律，感受优美的舞姿，从而得到艺术的熏陶。

（3）韵律和舞蹈活动的道具

在幼儿韵律和舞蹈活动中，道具不仅能增强活动的艺术性，还可以辅助幼儿更有效地参与活动。所以，在为幼儿韵律和舞蹈活动选择道具时应注意以下几点。

①艺术表现力。在专业舞蹈活动中，通过专业的舞蹈道具来配合舞蹈动作的编排，使音乐表现更准确、丰富，同时帮助幼儿展开一定的想象，促使幼儿对动作和音乐的表现更充分。

②制作简单，操作便捷。在韵律歌唱活动中，可通过制作简单的小沙锤（酸奶瓶里装上大米或豆子）开展韵律操活动，充分有效地锻炼幼儿的手腕运动能力，并锻炼其节奏感。

3. 打击乐活动的内容

打击乐教学是幼儿园音乐教学的一个重要组成部分。打击乐教学不仅要帮助幼儿初步掌握乐器演奏的一般知识和技能，培养节奏感，而且要提高幼儿对音色、曲式结构、多声部表现力的敏感性，培养幼儿基本的合作意识、合作能力、创造意识、创造能力、组织纪律性等，并让幼儿在活动中获得欢快、成功的体验。在打击乐活动中，节奏尤为重要。如果不能准确地打出各种节奏型，就不能整齐协调地演奏。所以，教师应根据幼儿的年龄特点和乐曲特点，选择适合幼儿的打击乐曲，让看似抽象的节奏变得轻松易学，让幼儿享受打击乐活动的快乐。

（1）打击乐曲

幼儿音乐教育的打击乐曲主要有两种：一种是纯粹的打击乐曲，即专门为打击乐器创作或仅由打击乐器来演奏的乐曲；另一种是特定的歌曲或器乐曲。幼儿音乐教育活动中的打击乐作品一般是特定的歌曲或器乐曲。这种作品一般包括特定的歌曲或器乐曲和配器方案两部分。配器方案就是根据特定的歌曲或器乐曲，专门创作的打击乐器演奏的方案。

配器方案一般由专业的音乐工作者创作，有的是教师根据音乐作品创作的。

（2）打击乐器演奏的简单知识技能

掌握打击乐器演奏的简单知识技能是幼儿进行打击乐演奏的前提。幼儿可以学习的有关打击乐器演奏的简单知识技能主要有：乐器和乐器演奏的知识技能、配器的知识技能、指挥的知识技能。

①乐器和乐器演奏的知识技能。幼儿音乐教育中，幼儿可以接触的打击乐器主要有大鼓、铃鼓、串铃、腰铃、碰铃、三角铁、锣、木鱼、双响筒、沙球、木琴等。要让幼儿了解这些乐器的名称、形状、质地、音色特征及一般持握演奏方法等。由于相同或相似材料制作的乐器，在音色、音响上具有很多的共性，因此使用中可以相互替代。

②配器的知识技能。在幼儿音乐教育中，配器主要是指教师引导、组织幼儿用集体讨论的方式，选择适当节奏型以及合适的乐器，为幼儿熟悉的歌曲或乐曲设计伴奏的一种活动形式。一般有按音色分类配器、按表现需要选择合适的节奏型和选择配器方案。

③指挥的知识技能。幼儿打击乐的指挥内容主要是如何与人沟通、与人合作，以及如何与人相互协调。因此，幼儿一般情况下不必学习专业性的指挥起势、收势和划拍，而只要学习如何自然地开始、结束、轮流、交替和击打出所要求的节奏型，必要时还可用相应乐器演奏方式的模仿动作作为指挥动作，例如，在指挥碰铃演奏时，教师可以用双手轻轻相触的方式指挥。

（3）打击乐器记谱法

常用的打击乐器记谱法主要有图形记谱法、语言记谱法和动作记谱法三种。用图形、语言、动作等符号记录设计的配器方案，谱子比较直观，内容简单明了，因此一般幼儿园已经普遍使用。

（4）打击乐器的演奏常规

打击乐器演奏要有常规性的动作，以便于幼儿准确地演奏和变换演奏乐器。一般有开始、活动过程、结束三部分常规活动。例如，整齐地将乐器拿出或放回、乐器没有演奏前不要发出声响、看指挥、积极与指挥交流、注意倾听音乐、交换乐器等。

## 二、幼儿音乐教育活动的设计与指导

幼儿音乐教育活动的设计就是根据一定的音乐教育目标，选择符合幼儿年龄特点和教育规律的音乐教育内容和方法，通过各种组织形式对幼儿实施音乐教育与影响的方案。幼儿园音乐教育的形式是多种多样的，在教育过程中，教师应针对具体的教育内容，设计教学方案并进行指导。

### （一）幼儿歌唱活动的设计与指导

歌唱是幼儿音乐启蒙的一个重要手段，是幼儿音乐教育的核心内容，是幼儿进入音乐天地最自然的途径。根据幼儿的年龄特点，结合幼儿音乐教育活动，探索科学的歌唱教学途径和方法，在歌唱活动中培养幼儿对歌唱的兴趣，使幼儿学会歌唱的基本方法以及具备创新的能力，能够享受歌唱带来的愉悦。

1. 幼儿歌唱的年龄特点

不同年龄段的幼儿歌唱的要求不同，这是根据幼儿歌唱的年龄特点来决定的。幼儿的歌唱能力是与说话能力的发展平行的，从牙牙学语开始，逐渐从近似唱歌发展到能唱音域合适的歌曲。

（1）小班幼儿歌唱的特点

小班幼儿喜欢歌唱，尤其会对那些富有喜剧色彩、情绪热烈的歌曲产生浓厚的兴趣。这一时期的幼儿一般都会唱几首简单的歌曲，有的甚至会即兴哼唱一些自己编的旋律和短句，但自己编的歌曲的曲调带有很大的模仿性，这一时期在教师的正确指导下，大致能唱准旋律。

（2）中班幼儿歌唱的特点

中班幼儿的语言有了一定的进步发展，已经能够完整地再现一些简短的歌曲和较长歌曲中比较完整的片段。但在歌词的理解方面还有一定困难，会出现错字、漏字的现象。中班幼儿在唱他们所熟悉和理解的歌曲时，可以做到用速度、力度、音色的明显变化来表现歌曲中的不同形象和情绪。

(3) 大班幼儿歌唱的特点

大班幼儿一般已经可以比较完整准确地再现熟悉歌曲的歌词，唱错字、发错音的情况会大大减少。对歌曲中由二分、四分、八分音符构成的一般节奏已掌握较好，甚至能较好地掌握带附点的节奏和切分节奏。到了大班末期，大多数幼儿能够比较自如地把握常见的幼儿歌曲的节奏，不管歌曲速度是快还是慢，都不会影响他们把握节奏的准确性。

大班幼儿在音准把握能力上有了一定的进步，能基本唱准曲调，一般都能够学会呼吸时自然而迅速，不耸肩，不发出很响的吸气声。大班幼儿对歌曲的内容、情感的体验与理解能力也会在一定程度上得到增强。幼儿积极主动地在歌唱中用声音变化表达感情，还能争取使自己表现得更独特和完美。一些能力强的幼儿还能够根据熟悉的歌曲的节拍、节奏做出改编，甚至能够独立地即兴哼唱出相对完整的新曲调。

2. 幼儿歌唱活动的设计

(1) 范唱

范唱是教师把新教材正式介绍给幼儿的过程。教师的范唱不仅应有正确的歌唱技巧，如正确的姿势、呼吸，清楚的吐字，准确的旋律与节奏，适当的表情等，而且应当为幼儿树立良好的榜样，并且怀着对幼儿、对歌曲的真挚感情来演唱，使幼儿真正受到音乐艺术的感染。幼儿在聆听教师富有感情地演唱自己所喜爱的歌曲时往往会比听声乐技巧高超的歌唱家的演唱更加偏爱。

(2) 学唱新歌

学唱新歌的方法多种多样，教师可以根据歌曲的特点和本班幼儿的年龄特点灵活选用。

①介绍歌曲。有的歌曲相对来说歌词比较长，也比较复杂，一般来说，可以先教幼儿掌握歌词，这样，歌词的难点往往就迎刃而解了。教

师可以通过提问的方法将歌词串起来，以此引导幼儿记忆歌词、掌握歌词。而有些歌曲比较简单，同样一段旋律有几段押韵、相似的歌词，这样的歌词通常只需先教一段，待幼儿体会到了歌词韵律节奏之间的关系，再把第二段、第三段歌词告诉幼儿，幼儿学起来就会很快。

②熟悉歌曲节奏。有些歌曲节奏鲜明，词曲结合朗朗上口，可以采用先教歌曲节奏的方法，熟悉掌握节奏，按节奏学习歌词，进而学会演唱歌曲。如《两只小象》可通过拍手、拍肩等身体动作引导幼儿学习歌曲节奏，再有节奏地朗读歌词、学习旋律并演唱全曲。

③熟悉旋律。有些歌曲旋律简单、流畅，可采用教旋律的方法，由简到难，掌握全曲。如《青蛙》可先教幼儿学会演唱第一句旋律，第二句旋律几乎相同，只改动最后几个音即可。

④分句教唱法。有些歌曲相对来说比较长，乐句结构清楚，可以采用教师教唱一句、幼儿跟一句的方法，由歌词到旋律、再到词曲结合学唱全曲。这种教唱方法的好处在于一句一句跟唱，便于幼儿模仿，但同时这也破坏了歌曲的完整性和要表达的艺术形象，而且一句一句地学唱，也难以促进幼儿的记忆和思维等心理活动的发展。

⑤整体教唱法。结构短小、形象集中、单一的歌曲，可以采用整体教唱法，即幼儿从头到尾跟唱全曲。用这种方法教唱，可以保证整首歌曲的意义、情绪、形象的完整性，在学唱过程中能引起相应的情感体验。

在教唱与练习新歌的过程中，教师应注意教会幼儿掌握歌曲中的重、难点，注意培养幼儿的歌唱技能，如正确的歌唱姿势、呼吸方法、发声方法等，以及通过变换演唱形式来增进幼儿练习歌曲的兴趣。歌唱的形式大致可分为独唱、齐唱、接唱、对唱、领唱、轮唱、合唱等。

3. 幼儿歌唱活动的指导

幼儿歌唱活动要适合幼儿的年龄特点、理解水平和接受能力，要发挥音乐艺术美的感染力，使幼儿在轻松愉快的气氛中积极主动地学习。

（1）导入活动的指导

导入新歌的目的是把幼儿的注意力吸引到新歌的题材和意境中去。

教师在导入新歌时，可以用故事、谜语、表演等形式，同时注意幼儿的发声练习，让幼儿自然地进入新歌的学习过程中。

（2）帮助幼儿熟悉、记忆歌词

教师可以按照歌词的内容进行讲述，让幼儿形象地记忆歌词，然后进行提问，在提问中熟悉、记忆歌词，还可以利用图片、直观教具，帮助幼儿记忆歌词。

节奏朗诵是一种既简单又能使幼儿尽快记住歌词的方法，就是教师指导幼儿按照歌曲节奏朗诵歌词，有助于幼儿记忆歌词、旋律、节奏。此外，配合幼儿有节奏的拍手动作，可以使歌词朗朗上口，从而帮助幼儿尽快记住歌词。

（3）学习初步的歌唱技能

教给幼儿初步的歌唱技能，使幼儿能有感情地歌唱，能理解、感受歌曲所表达的感情。幼儿歌唱时有呼吸不正确的现象，教师要及时加以纠正，可以在范唱和教唱时，让幼儿感觉歌曲的句子、段落结构等，并注意进行正确示范。幼儿在咬字、音准等方面的问题也要及时纠正。同时还要注意让幼儿用自然的声音、自然的面部表情和自然的身体动作来表达歌曲的情感。

（4）注意对幼儿创造能力的培养

在歌唱教学活动中，教师应该尝试培养幼儿的创造力。可以采用多种形式，调动幼儿歌唱的积极性。可以让幼儿为歌曲配动作、为歌曲增编歌词等，培养幼儿的创造力。在编歌词的活动中应注意，选择那些歌词结构整齐、重复较多的歌曲进行练习，由易到难、由少到多，逐步培养幼儿增编歌词的创造力。

（二）幼儿韵律活动的设计与指导

韵律活动就是幼儿随着音乐进行的各种有节奏的身体动作。韵律活动可以使幼儿的情绪、心理需求获得满足，可以促进幼儿想象力、表现力和创造力的发展，并让幼儿获得一定的快乐。

## 1. 幼儿韵律的年龄特点

韵律活动能力是指在音乐的伴奏下，以协调的身体动作来表现音乐形象的能力。韵律活动能力的发展依赖于一定的动作技能的发展和对音乐的感受能力、理解能力与表现能力。

（1）小班幼儿韵律的特点

小班的大多数幼儿已经掌握了拍手、摇头、晃动手臂、用手指点或拍击身体的部位、点头或摇头、小幅度慢速运动躯干等简单的非移动动作，但腿部力量较弱，脚掌缺乏应有的弹性，身体左右摇摆大，自控力差。

（2）中班幼儿韵律的特点

中班幼儿在韵律活动中，手部动作出现频率较高，运动路线主要以直线、曲线为主，中层次空间的动作出现次数最多，移位式动作很少出现，多数幼儿在自由律动中会出现两种及两种以上动作，比较喜欢做重复动作。多数幼儿具有前奏感、节奏感，而乐段感与乐句感的发展相对滞后，很少出现与同伴合作做动作的行为，都是自己单独做动作。

（3）大班幼儿韵律的特点

大班幼儿对鲜明、有特点的节奏、音响和舞蹈律动具有浓厚的兴趣，节奏性活动是幼儿阶段主要的音乐活动。幼儿的思维以形象思维为主，他们在表现活动中往往会加上自己的主观想象，喜欢夸张新奇的事物，乐于尝试，愿意表现。

大班幼儿能逐步认识到事物之间的一些简单关系和联系，对于事件、情节的表现成为他们在韵律活动中的突出特点。他们喜欢听和讲故事，喜欢聆听和朗读节奏鲜明、有韵律的歌谣，喜欢看情节有趣和色彩鲜明的动画片、木偶剧与儿童剧，喜欢在游戏中再现和表演自己感兴趣的人物表情、动作、情节和活动场面，表演时根据自己的经验和想象不断求新与创造。

## 2. 幼儿韵律活动的设计

（1）熟悉音乐

韵律活动的音乐应是幼儿熟悉的，幼儿对熟悉的音乐会有亲切感，会降低合拍的难度。可利用倾听的方法熟悉音乐，在倾听后，先处理音乐中节奏、内容、舞蹈动作这些比较难的部分，也就是先把重点处理好。

（2）示范

教师做示范，向幼儿传授没有学习过的舞蹈动作，同时用讲解的方法描述动作的要领，调动幼儿审美的积极性，同时积累舞蹈动作。示范可根据幼儿的需要进行调整，初次示范应起到欣赏的作用，用正常的速度进行示范。幼儿学习的时候，示范的速度要慢，并要重复示范。

（3）幼儿动作练习

幼儿动作练习是韵律活动的主要内容，幼儿通过身体动作来感知、理解、表达音乐，享受表达音乐的快乐。幼儿练习的时候，可以采用动作分解练习的方式，然后与音乐组合。

（4）创造性的表达

在掌握基本动作后，教师可以让幼儿按照音乐的旋律表达自己的意愿，鼓励幼儿自编动作，肯定和鼓励幼儿富有个性的表演。

3. 幼儿韵律活动的指导

（1）加强基本动作的指导

韵律活动是由基本动作组成的，如果幼儿掌握得好，学习韵律活动就会比较快。所以教师要加强基本动作的练习，但要防止专门化的训练。专门化的训练只注意动作技能的传授和规范，忽视了幼儿学习的特点和教育规律，忽视了情感体验和趣味性。

（2）处理好"教"与"学"的关系

在韵律活动中，教师要给幼儿提供大量的创造机会，激发创造热情，培养创造能力。创造力的培养是建立在"教"的基础上的，教师要启发性地教给幼儿基本动作，然后根据基本动作，让幼儿自主地依赖音乐以及音乐所要表达的内容创编动作。

（3）韵律练习要动静结合

在韵律活动中，教师要将动作与语言相结合，生动、简洁、形象地讲解动作要领。要以音乐为主,不要过多运用语言进行讲解,而要让幼儿尽快地习惯倾听音乐、感受音乐,以提高对音乐的感受力。同时要做到动静结合,在活动中及时调节幼儿身体的适应程度,以消除疲劳,达到保教结合的目的。

(4) 培养幼儿的音乐感受力

音乐感受力是指幼儿对音乐节奏的强弱、快慢,音色的明暗及音乐所表达的思想感情等的感受能力。在韵律活动中,教师应当让幼儿多听音乐,培养幼儿对音乐的理解力和感受力。

### (三) 幼儿打击乐活动的设计与指导

幼儿园打击乐活动的目的是让幼儿体验节拍、节奏以及掌握使用各种乐器的技能,并学会手眼协调地进行演奏。每个幼儿都喜欢敲敲打打,对声音具有一种天生的敏感,打击乐与幼儿这种与生俱来的本能很相配。在活动中,幼儿手、眼、脑、心并用,使大脑建立起复杂的神经联系,让头脑变得灵敏、聪慧。活动中对音乐灵感的寻求,对演奏状况的把握,对作品的处理、分析,都要进行丰富活跃的形象思维活动,使幼儿的观察力、记忆力、想象力、创造力等都得到相应的锻炼和提高。

1. 幼儿打击乐的年龄特点

(1) 小班幼儿打击乐的特点

小班幼儿逐步掌握了一些主要用大肌肉动作来演奏的打击乐器的使用方法,最容易掌握的是铃鼓和串铃的演奏方法。他们在入园初期,随乐意识和随乐能力都有待提升。3 岁末期,不仅大多数幼儿能够基本合拍地随音乐演奏,而且已具备了初步的随乐意识。

(2) 中班幼儿打击乐的特点

中班幼儿开展打击乐活动时可以选择节奏鲜明的乐曲,以 2/4、3/4 拍乐曲为主。许多民族风格的乐曲,节奏型都比较明显,易于中班幼儿理解把握,同时也可以让幼儿感受不同民族的音乐风情。由于手部动作发育的特点,可以在常见的打击乐器,如串铃、响板、撞钟、三角铁、铃鼓、木鱼、双响筒、锣、鼓中进行选择。

（3）大班幼儿打击乐的特点

大班幼儿的自控能力、合作能力、接受挑战能力、探索的积极性等方面都有了很大的发展。经过小班、中班系统的教育和熏陶，具有一定的音乐素质。在节奏乐活动中，他们能够通过对音乐、乐器的直接感知以及教师合理有效的调控手段，表现出丰富的感受力和创造力。大班幼儿随着年龄的增长，逐渐将以前对乐器敲打的兴趣转变为操作乐趣和效果乐趣。

2. 幼儿打击乐活动的设计

随乐曲（歌曲）集体演奏的打击乐，在教学中可以有以下两种不同的方式：一种是教师事先选好教材，可以是自己设计编配的打击乐，也可以是别人编配好的教材，然后一步步地教；另一种是在教师的指导下，逐步让幼儿参加活动，共同编配打击乐。后一种方式在幼儿的节奏感有了一定的发展，对打击乐活动已积累了一些经验的基础上进行，效果才好。

（1）熟悉和欣赏音乐

打击乐曲是根据音乐进行的，倾听音乐是极为重要的一个环节，在告诉幼儿乐曲（或歌曲）的名称、主要内容后，就要引导幼儿仔细听，感受音乐的内容、情绪、性质、力度、速度、风格。

（2）空手练习节奏型

教师带领幼儿以各种节奏动作，如声势动作等，练习各种乐器声部的节奏型，帮助幼儿尽快掌握，以便在较短时间内过渡到使用乐器演奏。要注意的是，空手练习的时间不能太长，在使用乐器的过程中还可继续学习，长时间空手练习会降低幼儿学习的积极性，更重要的是不利于幼儿在集体练习打击乐器的过程中，感受各种乐器的不同音色、音响特点及其在合奏中产生的效果。

（3）介绍乐器的使用名称与方法

在掌握了各声部节奏型的基础上，教师可以向幼儿介绍打击乐的名称，让幼儿去探索乐器的敲击方法，然后再指导幼儿正确使用打击乐器，并引导他们比较、辨别乐器的音色特点。

(4) 随着音乐打击乐器

在幼儿随音乐打击乐器的过程中，可以让部分节奏感较强的幼儿先拿乐器练习，随后逐步扩大到其他的幼儿，以互帮互学；或者先分声部练习，等各声部练习被熟练掌握后再合奏。

幼儿在具有一定打击乐经验的基础上，教师还可以有计划地逐步让幼儿与自己共同为乐曲（或歌曲）设计节奏型、选配乐器等，以培养他们创造性地编配打击乐的能力。还可以用故事及游戏来进行打击乐教学，这种方法较适合在小班初期使用，培养小班幼儿对打击乐的兴趣。

3. 幼儿打击乐活动的指导

(1) 注意常规的培养

在幼儿园打击乐教学活动中，应注意培养幼儿良好的活动常规，包括训练幼儿看指挥的习惯，注意打击乐器的分发与收回。可以将乐器放在幼儿座椅下面，或现场分发；收回乐器时，可以让幼儿将乐器轻放在座椅下面，或让个别幼儿到每人身边收取，或让幼儿自己放回指定的地方等。

(2) 依靠图谱，掌握乐曲节奏的变化

与歌词相比，节奏更为抽象，在节奏乐教学中，图谱法是引导幼儿进行节奏演奏的有效手段，通过图示把音乐内容简单化、形象化，增强直观效果，使幼儿学起来轻松、有趣，能将摸不着的抽象概念演变成形象的图示，使幼儿感受到不同的图示所表达的不同的含义。也可以让幼儿以自己的身体为乐器，通过拍手、跺脚、拍腿等动作进行节奏训练，使幼儿快速掌握音乐的整体结构，为协同一致地演奏好乐曲打下扎实的基础。但在使用图谱法时要注意，图示要简单、明确、统一、有规律，让图示成为帮助幼儿理解、记住节奏，便于幼儿进行演奏的一种工具。

(3) 正确指挥，集中幼儿注意力

指挥法是打击乐演奏整体教学法的一个核心。在活动过程的前阶段，一般采用教师指挥的方法，后阶段开始逐步引导，有意识地培养幼儿进行创造性的指挥练习。为了达到演奏的效果，教师的自身素质非常重要，在活动中必须注意四点：一是教师本身的动作必须到位、准确，洋溢着热情；二是教师应坚持培养幼儿良好的看指挥的演奏习惯；三是教师应教幼儿学习分声部看指挥时，可以先用身体动作指挥或者语言提示，然后逐步过渡到用手势指挥和看眼神提示；四是在声部转换前，教师应提前将自己的头部和目光转向下一个将要演奏的声部。

## 三、幼儿美术教育活动的设计与指导

幼儿美术教育活动设计就是根据一定的美术教育目标，选择美术教育的内容和方法，对美术教育过程中的一切事物进行设计，并通过各种组织形式对幼儿施加美术教育影响的方案。在实施美术教育的过程中，教师必须对幼儿的具体活动展开指导。

### （一）幼儿绘画教育活动的设计

幼儿绘画教育活动是教师引导幼儿用各种笔、纸等工具和材料，运用线条、造型、色彩、构图等艺术语言创造出视觉形象，从而表达创作者的思想、情感的一种活动。绘画对幼儿具有很大的感染力。幼儿在绘画中创造出来的艺术形象，既是幼儿对生活环境的反映，又是幼儿对事物主观的审美感受和评价。绘画活动的材料方便易得，受场地和时间限制少，因此在幼儿园开展得比较多，是幼儿园美术教育活动中最主要的活动形式。

幼儿绘画教育活动的类型按照不同的标准，有不同的划分方法。从使用的工具、材料上区分，可分为常规材料绘画和综合材料绘画，如彩绘笔和油画棒是常规材料；棉签和油画棒的组合，手指画等是综合材料绘画。从教师是否命题上区分，可分为命题画和意愿画，例如，教师命题"快乐的六一"；从内容上区分，可分为物体画、情节画、图案画，如小动物、小房子、汽车，手帕、围巾的花边等。

1. 绘画活动过程的设计

幼儿绘画经历了幼儿自身完整的生命循环。绘画作为一种视觉艺术，具有强烈的直观性，对幼儿有很大的感染力。

不同类型的绘画活动，特点各不相同，活动的内容、课题设计也有所不同。但总体来说，活动设计是相似的，教学要求也相同。

（1）活动准备

绘画的活动准备包括材料准备和经验准备。幼儿园应该为幼儿提供丰富多样的绘画工具和材料，除了日常使用的常规性绘画材料外，还要根据本班幼儿的实际情况准备一些符合幼儿发展的废旧材料，并通过教师的引导，创造性地开展一些绘画活动。教师还要注意在幼儿绘画用纸上做好标注，便于幼儿作品的收藏，为以后幼儿美术发展水平的评价做好准备。

经验准备是指教师要利用各种机会，引导幼儿观察欣赏，形成物态的丰富表象，随机地帮助幼儿积累艺术经验。幼儿生活经验越丰富，对周围事物的理解越深刻，美术表现的情感、素材就越丰富，进行美术活动的动力也就越充足。

（2）创作引导

创作引导即开始部分，它是绘画开始前的一个重要环节，目的在于激发幼儿的创作愿望，明确本次活动的重点和要求，为绘画活动的顺利进行做好铺垫。创作引导包括引导幼儿回忆与本次活动有关的经验，交代本次绘画活动的具体要求，最主要的是集中幼儿的注意力。教师要在短时间内调动幼儿已有的经验和相关的技能，使幼儿尽快进行绘画创作。

（3）创作的展开

创作的展开是绘画活动中重要的一步。在这一步中，要对幼儿绘画的构图、造型、色彩等进行指导，这是幼儿完成绘画任务、展示绘画技能的重要一步。

构图是绘画中比较复杂的技能。一开始，幼儿的画面是杂乱的，常常会画一些不相关的物体。辅导幼儿构图，不是简单地只靠绘画练习就能完成的，而是应该让幼儿多看、多欣赏优秀的绘画作品，辅导幼儿先画出完整的构图，再描绘物体的细节，并初步尝试处理近大远小、重叠等关系。

造型主要是通过线条、形状来塑造的。线条的平稳、力度、准确性受小肌肉发展的限制，也受手眼协调能力的限制。教师要帮助幼儿选择最适合自身水平的塑造造型的方法。

色彩的重要作用是表达感情。教师要注意教会幼儿认识色彩、调配色彩，启发幼儿用色彩来表达自己的情感。

在幼儿进行绘画创作的过程中，教师应该有目的地指导幼儿在绘画中表达自己的思想，帮助幼儿构思所要表达的内容，还可以进行小组创作、全班集体创作等。

(4) 作品欣赏

作品欣赏是绘画活动的小结部分。教师要引导幼儿互相欣赏、分享作品，促进幼儿社会性和审美能力的提高。在欣赏的同时，让幼儿描述绘画的内容，因为绘画是幼儿自我表达的主要方法，是幼儿思想的体现。教师要尊重幼儿，接纳不同水平的幼儿，因为赞赏、分享是对幼儿最大的鼓舞。

(5) 活动延伸

活动延伸的设计可以是教师的有意延伸，也可以是幼儿园环境创设的延伸。可以把绘画的内容编成故事放在语言角里，让幼儿"看图讲述"；还可以放在主题内容中变成背景，例如，"海洋世界"，教师可以把幼儿绘画的小鱼放在主题内容中，变成幼儿园的主题活动内容，供家长欣赏。

2. 绘画活动的指导

不同年龄阶段的幼儿，身心发展、生理发展、绘画发展都是不同的。教师在指导幼儿绘画时，必须遵循幼儿身心发展的规律，以及幼儿绘画能力发展的规律，根据不同年龄阶段幼儿绘画的特点进行指导。

(1) 技能的学习要与幼儿的经验结合

教师在指导绘画的过程中，常常会碰到幼儿的创造性与技能之间的矛盾。如果技能教得太多，就会限制幼儿创造力、想象力的发挥，使幼儿的画面如出一辙；如果不教技能，幼儿就不能用画面表达自己内心的想法，只能用语言来补充说明。所以，教师在指导幼儿绘画时，要把技能、技巧的学习与幼儿的生活经验紧密联系起来。例如，在进行"涂色"练习时，幼儿会把颜色涂到轮廓外面，教师要让幼儿把"太阳公公的脸洗干净"，变成红红的颜色，否则"太阳公公"就会不高兴了。

（2）所画内容与情感体验相联系

在绘画的众多形象中，幼儿一般以排队的方式把这些形象放置在基底线上，形成并列关系，然后使自己画的人、物都围绕着绘画的主题，并具有一定的情节。教师在指导幼儿绘画时，要引导幼儿把不同的事物联系起来，从单一的表现过渡到表现一定的情节，这样幼儿的形象分布和形象主次关系处理能力才能有所提高。幼儿的绘画作品在很大程度上是通过自己的情感体验来表现绘画内容的。教师在指导时，应尽可能地使所画的内容和幼儿的生活经验、情感体验相联系，鼓励幼儿把自己画的人、物与周围环境联系起来，在充分观察、体验的基础上，借助绘画形式表达自己独特的感受。

（3）为幼儿创设绘画的情境

幼儿的兴奋强于抑制，情绪多变，很容易受外界因素干扰，因此作画时没有明确的目的，绘画的内容不断地发生变化。教师可为幼儿创设绘画的情境，让幼儿在创设的情境中，有目的地进行绘画。例如，"动物运动会"，教师可以让幼儿画出小动物，并且把画好的小动物粘贴在"森林"中。

（4）开展多种形式的绘画练习

幼儿的绘画技能必须通过练习提高，但是技能练习的形式只有多样化，才能引起幼儿的兴趣。要结合不同年龄阶段幼儿的特点，选择适合幼儿的练习形式多样性的练习能让幼儿在轻松的氛围中掌握绘画的技能。

## （二）幼儿手工教育活动过程的设计

幼儿手工教育活动是教师引导幼儿发挥自己的想象力和创造力，直接用双手或操作简单的工具,对具有可塑性的各种形态的物质材料进行加工、改造,制作出占有一定空间的、可视且可触摸的多种艺术形象的一种教育活动。手工活动对增强幼儿手部肌肉动作的协调性、灵活性和实际操作能力,对于培养幼儿的观察力、注意力和耐心细致的习惯,以及丰富他们的想象力、创造力都有重要的影响。手工活动的内容包括纸工、泥工和综合材料制作。

1. 纸工活动过程的设计

纸工是以不同性质的纸为主要材料,运用折、剪、撕、贴等各种技能塑造造型的活动。纸工活动有助于训练幼儿手指的灵活性,培养幼儿的目测能力、空间想象能力,帮助幼儿认识几何图形的特征、变化等。纸工包括折纸、撕纸、剪纸、粘贴等。

(1) 体验纸的不同性质

幼儿喜欢玩纸、撕纸,纸工活动的开始部分,可以让幼儿体验和感知纸的不同特性,利用不同的纸,运用不同方法进行纸工制作。

(2) 学会简单的折叠方法

在纸工的基本部分,教会幼儿掌握折叠的一些基本方法。例如,对边折、对角折、集中一角折、双正方形、双三角形等。教会幼儿较平整地折叠简单的玩具,学习用两种或两种以上的纸折成简单的组合玩具和立体物体组合造型,并且运用一些辅助手法,使表现的形象更加生动。

(3) 学会使用剪刀、粘贴

正确使用剪刀,并掌握三种剪法,即目测剪、按轮廓剪、折叠剪。能认识剪贴的工具与材料,并运用剪刀剪出简单的外形。在幼儿能够正确使用剪刀后,可以将剪刀和粘贴相配合,组成新的画面。例如,可以先折成小动物,然后运用剪刀剪去多余部分,再粘贴在衬纸上,添画上背景和其他景物,组成一幅半立体的画面。

(4) 欣赏幼儿制作的纸工作品

结束部分可以让幼儿欣赏自己创作的纸工作品,让幼儿说出自己制作的过程,并对自己的作品进行评价。

2. 泥工活动过程的设计

泥工是以黏土、橡皮泥、面团等为材料,用搓、团、压、捏、拉等手法来塑造形体的一种表现形式。泥工活动能使幼儿掌握用手和一些简单的工具塑造各种物体形态的方法,帮助幼儿认识事物,形成空间概念。

(1) 体验泥的不同性质

引导幼儿对泥有所认识,知道简单的泥工工具。可以利用一些泥工作品,引起幼儿对泥工的好奇心,并产生兴趣。

(2) 学会简单的泥的塑造方法

泥工的基本制作技法包括团圆、搓长、压扁、捏、挖、嵌接、分、抻拉等。在基本部分中,教师要有意识地、逐渐地把这些技法教给幼儿,由浅入深地设计一些物体形象,并逐渐增加塑造的难度。例如,在小班可以设计一些简单的"苹果""面条""饼干"等,然后在此基础上,设计将两个基本形体结合在一起,构成一个新的物体,如把两根"面条"合在一起变成"麻花"等。

(3) 学会使用辅助工具和材料塑造形象

学会使用辅助工具和材料塑造形象是教学活动的难点,教师应在幼儿掌握基本的技法后指导幼儿学习。主要是教会幼儿塑造物体的主要特征,使用简单的辅助材料表现简单的情节,在此基础上,使用简单的工具和材料细致、生动地表现物体的主要特征和细节。

(4) 欣赏幼儿制作的泥工作品

结束部分可以让幼儿欣赏自己塑造的泥工作品,让幼儿说出自己制作的过程,并讲清是如何运用工具和辅助材料塑造泥工作品形象的,并对自己的作品进行评价。

3. 综合材料制作活动过程的设计

综合材料的制作一般是指利用废旧材料,综合所学的美术知识和技能,使用各种不同的工具和废旧材料制成简单的玩具。在制作的过程中,可以使幼儿认识各种材料的性质、用途,培养幼儿有目的、有计划地开展工作的能力。综合材料的制作活动一般在中班、大班进行。

在利用废旧材料制作玩教具的过程中,教师要逐渐增加难度,可以先制作一些简单的玩教具,例如,教师可以先做成半成品,然后让幼儿进行粘贴，共同完成玩教具的制作。在幼儿的经验逐渐丰富，具备了一定的操作技能之后，可以利用一些针、线、布等自然材料以及无毒的废旧材料制作简单的玩具。为幼儿设计的活动应侧重让幼儿独立地完成制作过程，并综合运用各种操作技能和工具材料表现立体的玩具。

4. 手工活动的指导

幼儿手工活动有自身的特点，教师要根据幼儿手工制作的特点，结合幼儿小肌肉群发育的特点，对幼儿进行合理的、有针对性的指导。

（1）提供范例，引发幼儿制作动机

在进行手工活动前，教师可以提供精美多样的手工范例，激发幼儿的创作动机。利用直觉形象思维，加深体验，开阔创作思路，帮助幼儿从中悟出制作的方法。范例作品既可以是教师制作的，也可以是大一年级幼儿的作品，还可以是实物，目的是帮助幼儿明确制作意图，确立制作形象。

（2）练习制作工具和材料的使用方法

使用工具和材料是制作的关键，教师要为幼儿提供符合幼儿年龄特点的制作工具和材料，使幼儿初步掌握工具和材料的使用方法，这样才能帮助幼儿学习技能，并最终实现自己制作的意图。

（3）进行手工练习，体验手工材料的性能

由于幼儿手部肌肉还不够协调、灵活，而手部肌肉的协调性、灵活性能体现出手工制作水平的高低，因此技能、技法的练习是非常重要的。教师可引导幼儿先进行简单的分步练习，分步练习可进行多次；然后在逐步熟练、掌握基本步骤后，再进行整体练习，练习的时候应采用游戏的方法。

手工制作的技能、技法的掌握需要一定的练习，幼儿手工制作的意图也是在充分接触手工材料的过程中逐渐产生的，因此教师要为幼儿提供与手工材料充分接触的机会，让幼儿在接触手工材料的过程中，对手工活动产生兴趣。

（4）引导幼儿欣赏作品，合理进行评价

幼儿完成作品后，教师应对幼儿作品的创新性、独立性等进行综合评价。教师要鼓励幼儿大胆参与评价,大胆向同伴介绍自己的独特构思、表现手法和制作过程,共同分享制作的快乐。教师要欣赏幼儿的作品,使幼儿了解不同内容、不同风格的手工作品,从而了解作品的表现风格、表现手法和表现特点,拓宽幼儿的视野。教师要尊重幼儿的作品,并鼓励幼儿珍惜自己的作品、欣赏同伴的作品,让幼儿学会利用自己的作品进行游戏活动。

# 第四章 幼儿园区域游戏活动

## 第一节 幼儿游戏理论

游戏是幼儿园教育的重要内容，游戏教学在幼儿园中受到越来越多的重视，教师的幼儿观、教育观、教学模式都发生了根本性转变，幼儿园以游戏为基本活动已达成一种共识，以幼儿为本的教育理念得到了很好的贯彻。因此，幼儿教师除了需要加强实践锻炼以外，更重要的是要加强学习，尤其是加强游戏理论知识的学习，以更好地认识教育现象，解决教育问题，指导教育实践。学前教育专业的学生拥有充足的时间进行理论知识的学习，在校期间打下了扎实的理论基础，对胜任未来幼儿教师岗位以及实现专业可持续发展都有重要意义。

### 一、主要游戏理论学派及其观点简述

#### （一）经典游戏理论

19世纪下半叶到20世纪30年代，世界范围内相关学者开始对儿童游戏进行研究，经典游戏理论便诞生在这个阶段。同时，达尔文所提出的生物进化论等自然科学的三大发现对这个阶段的儿童游戏理论研究产生了较大影响，代表性理论有剩余精力说、松弛说、生活准备说、复演说等。

1. 剩余精力说

剩余精力说也称"精力过剩论"，最早由思想家席勒提出，后来心理学家斯宾塞丰富并发展了这一学说。游戏是宣泄机体内剩余精力的一

种方式，人们剩余的精力越多，那么所开创出来的游戏类型就会越多。根据席勒的观点，游戏大致可以划分为两类：第一类指的是人们在体力方面过剩的基础上开始对游戏进行探索，即基于身体器官而进行运动的游戏类型；第二类指的是人们在精神方面过剩的基础上开始思考游戏，即基于人的思想而开发的游戏，又或者是审美活动，该类游戏更倾向于智力运动。

2. 松弛说

松弛说也称"娱乐说"，代表人物为德国心理学家拉扎鲁斯。根据该理论，人们游戏并不是因为机体内部的精力过剩造成的，相反却是由于精力不足造成的，为了解除身心的疲劳，人们进行游戏，从而恢复精力，放松身心。

3. 生活准备说

生活准备说的代表人物为心理学家格罗斯。格罗斯从生物进化论的角度出发阐述了游戏的本质内涵，他认为游戏是动物的幼稚期或不成熟期的特有现象。儿童生来就具有某些本能，但这些本能不够完善，必须通过游戏加以练习，游戏是一种练习本能的普遍冲动。通过游戏练习可习得一些基本技能，有利于为成年生活奠定一定的基础。根据格罗斯的观点，儿童游戏大致有两类：第一类是儿童练习性游戏，这类游戏可对儿童的高级心理能力以及感知运动进行练习；第二类是儿童社会性游戏，具体有模仿性的游戏以及一定的追逐打闹等。

4. 复演说

心理学家霍尔基于自身的研究提出了"复演说"理论，根据他的观点，儿童游戏其实是对人类祖先不同发展阶段的一些生活特征进行不断复演，所以儿童游戏活动一定程度上能够将人类祖先到现代人整个进化过程反映出来，是人类生物遗传的结果，游戏中的所有态度和动作都是遗传下来的。

（二）现代游戏理论

现代游戏理论出现于20世纪20年代。具有代表性的有：精神分析学派的游戏理论、认知发展学派游戏理论、社会文化历史学派游戏理论、游戏的唤醒理论和元交际理论等。

1. 精神分析学派的游戏理论

精神分析学派的游戏理论由著名精神分析学派的创始人弗洛伊德提出，他认为游戏在个体情绪发展中扮演着重要的角色，具有发泄愤怒、减少焦虑、舒缓紧张等作用，游戏就是释放人的压抑的有效途径。埃里克森对弗洛伊德的理论加以阐扬与修正，认为游戏为儿童提供了解决焦虑与实现自我愿望的机会，促进儿童人格从一个阶段向另一个阶段发展。如果每个阶段发展的任务都能解决好，就能形成理想人格。佩勒发展了弗洛伊德关于角色游戏中情感驱力的观点，提出儿童在游戏实践过程中，对角色进行选择并不属于本能模仿角色，缘由是儿童之所以参与游戏，是因为受到比较复杂、深刻的情绪因素影响。

2. 认知发展学派游戏理论

著名心理学家皮亚杰作为认知发展学派游戏理论最具代表性的人物之一。他认为游戏是随着儿童的认知发展而发展，游戏是儿童巩固和扩大概念和技能的方法，游戏的特征是"同化"超过了"顺应"，即儿童可能不考虑外在事物的现实状况、目前的客观特征，而仅仅只是根据自己已有的认知图式去从事某种活动，进而改变现实情景，将外在事物、情景改造成能适应儿童原有发展水平和主观意愿的事物与情形。皮亚杰认为儿童的认知发展水平决定着儿童的游戏水平，并以儿童不同发展阶段的不同认知发展水平为依据，认为游戏可以划分为规则游戏、象征性游戏以及练习性游戏三类。

3. 社会文化历史学派游戏理论

维果茨基是心理学家，也是社会文化历史学派游戏理论最具代表性的人物之一。该理论学派认为游戏是儿童的一种社会性活动，是学前期儿童的主导活动，提出"游戏创造了儿童的最近发展区"观点，即儿童在游戏中总是试图超越他现有的水平向新的高级阶段过渡，该理论强调了游戏的社会性本质，认为游戏是儿童在与成人的交往中发生、发展起来的，强调成人的教育影响。该理论提出从儿童角度来讲，倘若要确保儿童能够对游戏方法进行充分掌握，那么就需要成人的适当干预，也就是说要在一定年龄段上对儿童进行引导，使其能够学会如何开展游戏。

4. 游戏的唤醒理论

游戏的唤醒理论代表人物为伯莱因、埃利斯等，该理论主要试图解释游戏的生理机制。所谓"最佳唤醒水平"，其中"唤醒"是关键，而能够唤醒的关键又在于机体内部平衡机制以及内部环境的刺激。外部环境刺激能够为儿童学习提供不可缺少的线索，还可以激活机体，改变机体的驱动力状态。如果"最佳唤醒水平"被新奇的事物提高，有机体内部的平衡机制就可以通过一定的行为方式来降低这一激发水平，维持最佳唤醒状态。唤醒理论描述了机体不同性质的行为与不同性质的环境刺激之间的相互制约关系，启发人们在为幼儿创设和组织环境时，应当注意从整体上考虑游戏材料的数量、新异性等因素。

5. 游戏的元交际理论

著名心理学家贝特森通过对逻辑学理论以及人类学理论的研究，从而提出了有关游戏的"元交际理论"。所谓"元交际"是一种抽象的、意义含蓄的交际。贝特森认为游戏中的所有活动并不代表真实生活的活动，儿童在游戏前已达成"这是玩啊"的信息传递，知道将会发生什么，而且知道这是假装的，所以游戏的基本特征理应是"元交际"。从游戏的角度来讲，将其作为"元交际"便成为一种非常重要的学习方式，在游戏过程中幼儿虽然会对某一种角色进行扮演，但是并不是在学习如何扮演这种角色，而是在对"角色"的概念进行学习，对角色不同之处进行区分。

## 二、游戏理论学习对幼儿教师专业发展的影响

（一）帮助了解幼儿游戏的根源和本质

幼儿为什么要游戏？为什么要把游戏作为幼儿的基本活动？根据游戏理论，幼儿需要游戏不仅有自然进化与社会历史发展的原因，还有幼

儿身心发展需要的原因。幼儿在满足了基本生存和安全需要的前提下，驱使幼儿游戏的动因主要有身体活动、探究、交往和表达的需要等。游戏使幼儿各种需要得到满足，进而满足带来快乐，快乐产生兴趣，从而成为学前期占主导地位的活动。

（二）促进了解游戏与幼儿学习、幼儿发展之间的关系

依据研究理论，幼儿游戏就是幼儿学习，幼儿游戏与幼儿发展相互作用、相互促进。如果幼儿很少接触游戏，又或者是在游戏中玩得不够充分，那么幼儿的大脑相比其他同龄正常儿童来讲，将会小20%~30%。游戏对于儿童的生理发展和心理发展至关重要，游戏理论为了解游戏通过什么方式促进幼儿的学习与发展提供了众多理论依据和数据支撑。

（三）帮助了解儿童游戏的特点和分类

幼儿游戏具有鲜明的"幼儿"特点，既有表情、动作、言语等外在行为表现，也有类似愉悦等情感外在体现。游戏的认知分类与社会分类是各种游戏分类中常用的基本分类。以游戏认知为依据，可将游戏划分为规则游戏、结构性游戏、象征性游戏、联系性游戏等。同时，在儿童生长发育的不同阶段，各类游戏所占的比例不同，以及为什么呈现这样的趋势等，这些理论观点为教师观察儿童游戏、设计和指导儿童游戏提供了依据。

（四）促进科学观察并解读儿童游戏

理论基础是科学观察并解读儿童游戏的重要保障。依据幼儿的表情可以判断幼儿是积极主动的活动状态还是消极被动的状态，从而区分是游戏还是无所事事和闲逛；依据幼儿的动作特点对幼儿进行判断，区分其是在开展嬉戏性游戏、象征性游戏，还是探索性游戏；将幼儿话语内容作为依据，可以判断幼儿是否在游戏以及游戏的水平与状况；依据游戏中幼儿使用的材料或玩具可以判断不同年龄段的幼儿对游戏材料的需求；依据幼儿在游戏中是否具有"愉快的""自由的""自主的"游戏体

验，可以判断游戏活动是否为真正的游戏等。

### （五）学会创设适宜的游戏环境

研究数据表明，在创设幼儿游戏环境时，如果没有依据幼儿的兴趣与需要，而只按照成人的想法与愿望来设置，这样的游戏环境就不可能被幼儿认同和接受。只有当幼儿根据自己的愿望与想法使用游戏材料，游戏活动才可能呈现多样性和灵活性，幼儿在实践过程中才能充分体验真正的游戏性。基于此，建议幼儿教师在对游戏环境进行创设的过程中，游戏材料的投放和活动内容的设计都要建立在幼儿已有的知识经验与能力之上，使游戏任务与内容既具有一定的挑战性，但又通过努力可以完成。

### （六）学会适时介入并指导幼儿游戏

研究表明，游戏是幼儿的需要但并不意味着每种游戏都有助于幼儿的学习，适时地干预与介入可以更好地促进幼儿发展。但干预的方式方法、干预的时机和干预的"度"需要把握好，要明晰干预的最终目的是激发幼儿积极主动地探索和解决问题的能力。根据幼儿年龄适宜性和个体适宜性，可以采用平行介入法、情景介入法和教学活动游戏法等方法加以指导和介入，而一些直接干预建议尽量减少，最大限度保障幼儿能够自由、和谐、愉悦地开展游戏。

### （七）促进个人终身发展

游戏理论知识是前人经过不断尝试和探索形成的宝贵经验，可以帮助学习者快速了解幼儿游戏的相关知识与发展成果，采取针对性措施，指导解决在实践中遇到的难题与困惑；理论知识中所体现的分析问题的思路和方法，可以促进学习者逻辑思辨能力的提升，养成善于思考与分析问题的习惯，为从事科学研究打下基础；在学习与运用前人理论知识的过程中所产生的新发现和新思考，有利于进一步促进理论发展和个人专业成长。

## 三、游戏理论启示与思考

### （一）引导幼儿教师对主要游戏理论学派观点进行梳理

通过梳理，对比各个游戏理论流派的不同见解及其对当今幼儿教育发展的影响，在头脑中形成清晰的幼儿游戏研究发展脉络，培养从历史的宏观角度来分析游戏地位的能力，树立正确的儿童观、游戏观。

### （二）注重游戏理论教学方式方法的灵活性和趣味性

理论知识与实际案例的有机结合，有利于增强理论内容的直观性和生动性。搜集大量的视频案例、文字案例、图片资料等来论证理论内容，便于幼儿教师理解记忆、消化吸收，同时可以激发幼儿增强学习的兴趣。

### （三）在实践中对游戏理论进行归纳运用

加强理论与实践相结合的训练，在幼儿行为观察、幼儿游戏环境创设、幼儿游戏活动实施中培养幼儿教师运用理论设计活动、发现和解决问题的能力，如在幼儿行为观察中用理论分析产生相关行为的原因并提出解决问题的策略及依据；在环境布置中阐明玩具和游戏材料选择的依据和原则，提高环境布置的科学性；在幼儿游戏过程中对幼儿发展进行评价，并提出评价的理论依据等，让幼儿教师在反复实践中领会到理论学习给自己专业成长带来的巨大收获。

### （四）在反思中提升游戏理论水平

引导幼儿教师对幼儿园教育内容、教育方法和教育现象进行书面分析，探讨幼儿园教学、课程和游戏的关系，尝试改编或创编教学游戏，反思在幼儿园课程实施过程中游戏精神体现的不足之处并提出整改建议，提出幼儿园以游戏为基本活动的保障举措及发展构想，在思考与反思中不断成长。

## 第二节 幼儿园区域游戏活动

### 一、幼儿园区域游戏活动的含义和意义

（一）幼儿园区域游戏活动的含义

区域游戏活动也称活动区活动、区角活动。

幼儿园区域游戏活动是教师依据教育目标和儿童发展水平与兴趣，利用游戏特征创设环境与材料，使幼儿按照自己的意愿和能力在与材料的互动中展开的个性化、自主化的活动组织形式，它是一种相对开放性的、低结构化的活动。

区域游戏活动是幼儿园教育活动中不可或缺的、深受幼儿喜爱的一种形式。在区域游戏活动中，幼儿在愉悦轻松的氛围中自主选择感兴趣的区角，自由活泼地活动，在玩耍中探究，在交往中协作，在多元互动中促进认知能力、创造力、动手能力、社交能力等各方面的发展，发挥重要的教育功能。

区域游戏活动以幼儿的需要、兴趣为主要依据，幼儿教师根据教育目标和幼儿发展水平，配合正在进行的其他教育活动等因素，在幼儿园活动室、门厅、走廊、室外场地划分一些幼儿分区活动的区角，如科学区、智力游戏区、建构区、角色区、美工区等，将这些区角利用简易的屏障间隔成相对独立、相对固定的半封闭区域，并在其中有目的、有计划地投放各种适合的活动材料，创设活动环境，制定活动规则，让幼儿在宽松和谐的环境中按照自己的意愿和能力，自主地选择活动内容和活动伙伴，主动地进行操作、探索和交往的活动。

（二）幼儿园区域游戏活动的意义

1. 区域游戏活动促进幼儿主动活动

区域游戏活动突破了传统教育中幼儿处于被动、静止状态的局面，

教师通过设计、提供可供幼儿操作的环境，特别是各种活动材料，让幼儿在和环境的相互作用中主动地通过活动得到发展，充分体现了幼儿的主动性和实践性。

由于幼儿教师设置的各个活动区以及为各个活动区提供的活动材料，可以被看作幼儿自主活动的实际对象，被看作幼儿教育内容的物化，因此，可以把活动区材料看作幼儿主动活动的物质基础。只有具备了这样的物质基础，孩子的主动活动才能落到实处。

2. 区域游戏活动促进幼儿的自主选择

幼儿园常设的活动区有日常生活练习区、语言区、数学区、科学区、美工区、音乐表现区、娃娃家、种植区等，涉及幼儿发展各个方面的多种活动区，为幼儿进行自主选择提供了广泛的空间，可以满足幼儿根据自己的兴趣爱好、发展类型、优势区域等进行自主选择的需要。幼儿园活动区设置在表现出区域性的同时还表现出层次性，小、中、大班通过区域设置的不同、材料的不同体现层次性，即便是同一班级中同一类型的活动也通过提供不同层次的材料来体现层次性，适宜幼儿不同发展水平、不同学习节奏。多层次的活动材料，可以满足不同幼儿根据自己的发展程度、学习节奏等进行自主选择的需要。

3. 区域游戏活动促进幼儿的相互交流

幼儿在同一活动区的活动可以看作被共同的或相似的兴趣爱好和发展需求聚拢起来的小组活动。可以说，在这个小组里，每一个幼儿都在有意无意之间关注同伴的一言一行，关注同伴的言行成为存在于每一个幼儿身上的普遍现象。由于来自同伴的激励和启发往往比教师的说教更能激起幼儿的求知欲望和探索精神，为此每一个幼儿都能通过伙伴之间的相互交流和相互激励与启发不断地碰撞出新的火花，进而促进自己不断地在活动区中进行新的探索。可以说，在区域游戏活动中，幼儿之间的相互观摩、学习、启发和激励是经常性的，是区域游戏活动的必然，也是幼儿不断进步、不断提高的重要推动力量。

### 4. 区域游戏活动促进幼儿的持续探索

培养幼儿的好奇心、求知欲和最初的创造意识是幼儿园素质教育的一个重要方面。区域游戏活动为幼儿提供可供他们持续探索的环境和材料，教师有针对性的指导也可以起到重要的作用。可以说，幼儿的创造意识是在不断操作实际物体的活动中萌发和发展的，亲自动手、动脑，持续不断地实践活动是幼儿创造活动的起点。从这个意义上，幼儿园区域游戏活动为促进幼儿的持续探索进而促进幼儿创造意识的萌发和初步创造能力的发展提供了广阔的空间和无限的机遇，具体来说，幼儿园各区域游戏活动的价值包括以下几个方面。

角色区——角色区的主要价值在于巩固加深幼儿的生活印象，使有关的社会生活知识和经验系统化；学习人际交往规则；学习社会角色行为；学习理解他人的情感；增进同伴关系，发展合群性；学习自我控制；发展语言，增进运用语言进行交往的能力，培养幼儿正确使用礼貌用语；遵守游戏规则和公共秩序；发展社会认知能力；学习想象、表征能力；通过自编自导、自演的活动，激发创造潜能。

建构区——建构区的主要价值在于帮助幼儿认识基本形状，学习分类、排序等基础技能；形成大小、多少、长短、宽窄等概念；感知比例关系；体验创造与成功的喜悦；培养专注力；学习协商沟通等人际交往技能；学习与人合作、分享；有利于幼儿合作意识的培养和收放玩具等良好行为习惯的养成；发展空间想象能力和表征能力。

美工区——美工区的主要价值在于帮助幼儿认识各种材料的性能并掌握绘画、泥工、剪贴、小制作等技能；增进幼儿对自然、艺术的广泛接触；增强幼儿对美的感受力、表现力、创造力，陶冶美的性情和品格；发展幼儿的观察力、想象力和创造力；发展幼儿小肌肉动作和协调能力。

益智区——益智区的主要价值在于帮助幼儿认识各种棋类，掌握他们的玩法；学习数概念、几何形体概念，理解长度、形状、空间方位、部分与整体的关系等；学习分类；培养幼儿竞争意识，学会发现问题、解决问题；培养幼儿谦让等良好品格；培养幼儿的思维能力、创造能力和分析问题、解决问题的能力；培养幼儿动手能力。

科学区——科学区的主要价值在于在观察、操作和科学小实验中，了解简单的物理化学等现象及简单的科学常识；激发幼儿操作与探索的兴趣；学会发现问题，解决问题；培养幼儿的坚持性和忍耐力；培养幼儿的探索能力、创造能力。

语言区——语言区的主要价值在于丰富幼儿各种知识，发展幼儿创造讲述的能力；善于捕捉生活中的信息，且乐于表达；培养幼儿阅读兴趣、阅读习惯和语言表达能力；培养幼儿爱护图书、互相谦让等良好品德；启迪幼儿的智慧；学会看书的方法。

表演区——表演区的主要价值在于掌握一些歌舞剧、木偶剧、童话剧等良好的表演技能；培养幼儿热爱生活的情感和感受美、表现美的情趣；发展幼儿连贯性语言；培养幼儿的创造表演能力。

## 二、幼儿园区域游戏活动的形式和特点

### （一）幼儿园区域游戏活动的形式

幼儿园区域游戏活动的形式主要有集体活动、分组活动、自选活动、自由活动、主题活动。

1. 集体活动

集体活动是将活动区活动看作是对幼儿进行集体教育的途径之一，如需要全体幼儿学习某一知识、技能时，根据活动目标，在一个或多个相关区域中投放恰当的操作材料，让幼儿通过自由探索活动来感知内容，获得经验。

2. 分组活动

分组活动是将活动区视为对幼儿进行分组教学的场所。它主要适用于三个方面：一是在发展智能方面，帮助部分幼儿获得某一知识、技能时，在相关的活动区域，对那些有特殊需要的幼儿进行必要的辅导；二是活动区活动的开始阶段，保证每位幼儿都能熟悉各区的内容、材料和

工具的使用方法；三是教学材料不够，做不到人手一份的情况。

3. 自选活动

自选活动的特点是在人为创设的自然情景中进行活动。主要适用于活动区活动成熟阶段，幼儿对于各区的材料、玩法等都已较熟悉。

4. 自由活动

自由活动的特点是活动的过程是幼儿主体内在动机完全得以激发的过程，幼儿进行的是"自发学习"，他们更积极地与环境发生交互作用。它和自选活动形式的主要区别在于，区域的提出、内容的选择、材料的添置等过程，处处体现随机性和幼儿的主动参与性，教师的教育意图在活动中不断地调整，并能灵活地实现。它主要适应于活动区活动的高级阶段，再就是一些特定的活动区域，如角色区娃娃家、百货商店等。

5. 主题活动

主题活动的特点是各区域的活动紧紧围绕一个主题，内容的选择、材料的投放为实现主题目标服务。适应范围是教育内容需要多种活动形式配合才能完成，以加深印象，促进幼儿理解。

## （二）幼儿园区域游戏活动的特点

1. 自主性

区域游戏活动一般采用自选游戏的组织形式，注重让幼儿自选、自由地开展游戏活动，充分发挥游戏的自主性特点，不论是主题的确定、玩具的选择、玩伴的选择、语言的运用、动作的展示等游戏过程的各个环节都自然地进行。

2. 教育性

区域游戏活动虽然有其自主性，但它也不是幼儿完全自由自在、不受控制的活动区域，它有其鲜明的教育性，但这种教育性比较隐蔽，主要体现在幼儿在游戏的过程中对材料的操作上，对区域规则的遵守上，以及在与伙伴的相互交往中产生积极的体验，通过轻松愉快的活动过程，促进其身心得到发展，实现游戏本身的发展价值。例如，角色游戏区（娃娃家、小餐厅等）最重要的教育性在于它有助于幼儿学习社会性行为，发展交往能力；结构游戏区的教育性主要体现在它能够促进幼儿的创造性思维和手部动作的发展，培养幼儿手脑并用等。

3. 实践性

不管是哪种类型的区域游戏活动，都要通过幼儿的具体实践活动才能实现它的教育性，区域游戏活动是非常具体的活动，有角色、有动作、有语言、有玩具材料，幼儿在活动中只有身体力行、实际练习，才能发展自身的各种能力。

4. 指导的间接性

幼儿是区域游戏活动的主角，是学习的主体，在区域游戏活动中要完成的是怎样主动地积累经验、获取知识的任务，即知道怎么样去学，知道如何自主地进行选择，主动地与环境交互作用，并得到发展。教师的指导具有间接性的特点。首先，在环境的创设过程中，教师应发掘幼儿的主动性，让幼儿积极参与活动，让幼儿不仅了解"应该怎样做，为什么这样做"，还应激发幼儿"我们需要这样做"的愿望。在活动过程中给予幼儿适时的、必要的支持和帮助。如幼儿遇到困难玩不下去时，幼儿操作发生问题游戏无法深入时，幼儿发生创造性的行为时，教师要及时发现和巧妙介入。教师的出现和介入要体现艺术性，即什么样的角色介入是最自然的，既能达到指导的效果，又不影响孩子的游戏。教师有时是游戏的伙伴，有时是某个特定的角色，有时又是旁观者，必要的时候还可以是调解员，教师要灵活地扮演好不同的角色。在这一角色的定位时，教师以幼儿自己解决为前提对幼儿进行间接性的帮助，让幼儿自行探索与同伴、与环境、与材料等之间的交往。帮助幼儿积累经验以更好地对周围的事物进行探索，更好地适应环境，教师还应该密切观察幼儿在区域游戏活动中的各种情况，观察幼儿在活动中的语言、动作、表情；幼儿对提供的材料是否感兴趣；同伴之间是怎样通过材料进行交往的；幼儿能否将主题活动渗透到区域游戏活动中等。有了充分的观察，教师才能对每个幼儿做出正确的判断，机智地、艺术地加以引导和调控，促进区域游戏活动的顺利进行和目标达成。

## 第三节 幼儿园区域游戏活动的组织与指导

### 一、幼儿园区域游戏活动的组织原则

（一）区域游戏活动主题的选择要因地制宜，适合本园的实际情况

第一，区域游戏活动的主题应适合幼儿各年龄段的发展水平。

第二，从幼儿的兴趣出发，确定区域主题。

第三，根据教育活动的主题确定区域游戏活动主题。

第四，注重区域游戏活动主题之间的互动。

第五，区域游戏活动的主题适当体现地域特色。

（二）区域游戏活动的创设过程中要充分体现幼儿为主的原则

第一，与幼儿共同商讨区域需用的材料，并一同收集、布区。

第二，幼儿自己制定区域规则，大家共同遵守。

（三）区域游戏活动中的材料投放要安全卫生，有科学性

第一，区域是幼儿活动的场所，对于其中投放的材料首要的要求是安全、卫生。

第二，区域中投放的材料也要有一定的科学性。

### 二、幼儿园区域游戏活动的组织流程和指导策略

（一）幼儿园区域游戏活动的组织流程

在区域游戏活动中，学习和发展的主体是幼儿，教师则扮演着多重角色，针对各年龄阶段儿童的特点和需要采取恰当的策略促进儿童的发展：教师是幼儿活动的支持者，通过提供材料、参与活动、给予建议等

方式支持并推进幼儿的活动；教师是幼儿行为的观察者，观察并记录幼儿进行区域游戏活动的情况，捕捉隐含的教育信息；教师是幼儿活动的指导者，采用各种有效的方法协助幼儿解决活动中的困难。区域游戏活动的组织流程包括四个环节：科学选区、活动组织、收拾整理、回顾评价。

1. 科学选区

科学选区是指让幼儿在自由的氛围中，依据自己的兴趣、需要，主动选定拟参与的活动区域，并做出大致活动计划的过程。因此，选区指导包括两个内容，一是指导幼儿学会自主选择活动区域，二是引导幼儿在选定活动区域后对自己想参与的活动做一个粗线条的设计。教师要全面了解幼儿的兴趣、爱好、能力、需要，研究如何有针对性地指导幼儿选区，对选区中出现的问题进行分析，巧妙引导，既体现儿童的主体地位，又让幼儿得到应有的发展。

2. 活动组织

幼儿是区域游戏活动的主体，教师的作用是在多角度、多形态地观察（如全面观察、重点观察和个别观察；旁观式观察和参与式观察）、记录（如文字记录、绘图记录、图片记录和影像记录等）、解读幼儿的基础上把握恰当的指导时机，采用适宜的介入指导方式（如平行式介入、交叉式介入、垂直式介入等），引导幼儿在与环境、材料、同伴、教师的积极互动中有效建构经验。尤其要在幼儿面对问题、需要解决困难的过程中及时搭建鹰架，帮助幼儿建构新经验。组织指导中还应关注幼儿间的差异性和特殊性，发现幼儿个体的潜质和独特性，促进幼儿个性化发展。

3. 收拾整理

收拾整理是区域游戏活动结束后幼儿对使用过的材料和环境进行归位、整理、打扫的环节。该环节看似简单，却对幼儿发展具有重要的教育价值。它有利于幼儿养成负责的态度，培养幼儿的空间秩序感，认识到自己的劳动价值，养成爱劳动、有自信的心理品质。幼儿是环境的主人，教师要与幼儿共同建立区域游戏活动收拾整理的规则，通过讨论、协商等方式明确收拾整理的先后顺序，不同区域各种材料的整理方法，分工合作，体现主人翁的身份。

4. 回顾评价

本环节是区域游戏活动总结、梳理、提升经验的重要环节，有助于幼儿内部语言的发展、聆听与评价能力的发展、思维概括性和逻辑性的发展以及借助言语的人际交往能力的发展。课题组成员要研究区域游戏活动评价环节的内容及方法，力求扩大评价主体、把握评价方向、分层指导评价，体现幼儿的参与性和主体性。根据不同年龄段幼儿的实际能力和特点，运用不同的评价方法（如作品展示、录像再现、情景表演、争议讨论、记录分析、肯定强化等）让幼儿更乐于参与评价。

（二）幼儿园区域游戏活动的指导策略

1. 创设幼儿园区域游戏活动环境，为区域游戏活动开展提供前提保障

区域游戏活动凭借创设一种宽松自由、多元开放的环境，提供"既适合于幼儿现有发展水平，又具有一定挑战性"的时空，引导幼儿在特定的环境中积极地与材料、同伴及教师协调合作，主动建构自己的知识经验。

（1）优化心理环境，拓展幼儿自主表现的时空

现代心理学研究表明，在没有心理压力的情形下，最易调动人活动的积极性与主动性，让人的思维处于活跃状态。幼儿之所以喜欢参与区域游戏活动其重要原因在于区域游戏活动环境的开放性与自主性。幼儿能在自由自在、无拘无束的氛围中尽情玩乐，愉悦身心，释放潜能，唤醒灵性，张扬个性。教师应扮演好"大朋友""好朋友"的角色，理解幼儿，接受幼儿天真无邪的举动；宽容幼儿，接纳幼儿不够完善甚至错误的尝试；真诚帮助幼儿，使幼儿不断获得发展的力量；夸奖幼儿独特而大胆的探究，大力保护幼儿的天性，从而让区域游戏活动真正成为幼

儿自主发展的舞台。

（2）优化物质环境，诱发幼儿的学习兴趣

幼儿思维伴随着活动而发展，而诱发幼儿活动兴趣的刺激物主要是丰富多样的玩具与设备。幼儿园区域游戏活动玩具材料的投放宜遵循动态与静态、层次性与独特性、趣味性与挑战性相结合的原则，鼓励幼儿按照自主喜好自由选择，自由结伴，自主游戏，自主发展。如在"棋苑"活动区域，可投放"黑白棋""西瓜棋"等静态玩具，也可投放"好孩子常规棋""登高棋"等动态玩具；"科学"活动区域的"智慧送客"在幼儿面前展现的是趣味横生的迷宫图，极富挑战的半成品，如记号笔、磁铁、塑料垫板等，能诱导幼儿勇闯迷魂阵，同样幼儿还可以自主设计迷宫，在画画玩玩的游戏活动中，幼儿既探究了磁铁的性质，又培养了幼儿的分析判断能力、推理能力、思维能力，培养了专注持久、乐于合作的个性品质。

2. 科学引领，促进区域游戏活动顺利进行

教师应以敏感的洞察力，捕捉幼儿感兴趣的区域游戏活动主题，并应科学引领，热情支持，积极推进区域游戏活动的进程，让幼儿真正成为区域游戏活动的主人。

幼儿教师只有充分细致地观察，才能切实掌握幼儿活动的特点和规律。细致的观察既为正确指导幼儿活动提供依据，又能在幼儿学习兴趣与认知发展产生的矛盾冲突处发现新的"生长点"。如"建构区"积木倒塌，大多数幼儿会提出疑问，积木为什么会掉下来？为什么掉下来的积木有的声音大，有的声音小，有的声音尖，有的声音粗呢？教师可抓住幼儿诸如此类的疑问，引领幼儿开展诸如"有趣的声音"等主题活动，教师一定会惊奇地发现，幼儿的兴趣只是幼儿自主探索的起点，由幼儿的兴趣点引发的教育才能驱动幼儿主动探究新知的内部动机，而幼儿兴趣与教育目标的结合点则必须依靠教师耐心细致的观察与倾听。

适时适度的引领、点拨能帮助幼儿自主活动获得更大意义与价值的

经验。譬如"阅读区"的一本动物卡片集是幼儿日积月累收集起来的，卡片的排放无特定的规律。教师将动物园图片按生存场所的不同重新分类排放。渐渐地幼儿们能自主探寻一些排列策略，比如按外形特征、生活习性、自救方式等。

### 3. 有效评价，提升区域游戏活动质量

教育评价是幼儿园区域游戏活动提升质量的重要手段。区域游戏活动中教师实行个别化的、关注幼儿内在变化与情感体验的评价，对幼儿来说具有一定的激励功能。

（1）尊重幼儿，关注差异

加德纳的多元智力理论认为幼儿的发展存在着差异性，每一个幼儿都有自己的智力强项。区域游戏活动的评价应注重评定幼儿的个性、特长，以欣赏的眼光评价幼儿，要善于发现每个幼儿的闪光点，鼓舞幼儿，启迪幼儿，发展幼儿。通过及时反馈，让幼儿从内心品味成就感，体验成功的快乐，让幼儿变得更自信、更大胆、更主动、更积极，让幼儿得到良性的可持续发展。

（2）重视过程，促进发展

对幼儿发展状况的评价要伴随着幼儿活动的过程来进行。教师应着力捕捉一切有用的评价信息，作为重要的评价依据。如对幼儿手工作品、记录表格、自制玩具以及区域游戏活动中表现出来的主动交往、互助合作、大胆创新等，作出适时适当的中肯评价，一个竖起的拇指、一缕赞赏的目光、一句惊叹的表扬都会成为幼儿前进的动力，从而促进幼儿和谐、持续地发展。

# 参考文献

[1]焦敏.幼儿园课程[M].北京:国家开放大学出版社,2018.

[2]刘曲,卢玲.幼儿园课程[M].上海:上海交通大学出版社,2018.

[3]孙亚娟,褚远辉.幼儿园课程设计与实施[M].武汉:华中科技大学出版社,2018.

[4]李曼莹.幼儿园积木建构主题活动课程指导[M].北京:清华大学出版社,2018.

[5]戴平,邓雪竹.幼儿园体育活动与体育特色课程研究[M].北京:北京体育大学出版社,2018.

[6]刘宁.幼儿园课程资源包[M].北京:北京师范大学出版社,2018.

[7]王春燕,王秀萍,秦元东.幼儿园课程论[M].杭州:浙江工商大学出版社,2019.

[8]冯伟群,徐慧,罗娟.跨越围墙的幼儿园课程[M].南京:江苏人民出版社,2019.

[9]孟瑾."生活化、游戏化"幼儿园课程[M].南京:南京师范大学出版社,2019.

[10]郑智梅,潘晓云.民间游戏走进幼儿园课程的实践探索[M].福州:福建人民出版社,2019.

[11]王丽娜.婴幼儿早期教育活动设计与指导[M].上海:复旦大学出版社,2020.

[12]鲍秀兰.婴幼儿养育和早期教育实用手册[M].北京:中国妇女出版社,2020.

[13]黄婉圣.幼儿行为观察与评价[M].上海:复旦大学出版社,2020.

[14]郭莲荣.婴幼儿心理学[M].北京:西苑出版社,2020.

[15]郑玉萍,刘乔,张艳玲.幼儿卫生与保健[M].成都:电子科技大学出版社,2020.

[16]叶璐,廖俐,黄海宁.幼儿文学[M].成都:西南交通大学出版社,2020.

[17]张楠.婴幼儿感觉统合教育实操教程[M].上海:复旦大学出版社,2020.

[18]孙英俊.全科幼儿动商教育研究[M].长春:吉林人民出版社,2020.

[19]童连.0-3岁婴幼儿保健[M].上海:复旦大学出版社,2020.

[20]张艳清.幼儿教育心理实践活动案例[M].哈尔滨:哈尔滨出版社,2020.

[21]高蓬花.幼儿教育思想文化工作实践与探索[M].东营:中国石油大学出版社,2020.

[22]陈朝珠,罗曦,刘媛媛.幼儿教师口语[M].郑州:河南人民出版社,2020.

[23]朱凯利.幼儿游戏理论与实践[M].西安:西北大学出版社,2020.

[24]魏慧娟.幼儿文学理论研究[M].长春:吉林人民出版社,2020.

[25]李浩.幼儿食育[M].北京:知识产权出版社,2020.

[26]沈群英.幼儿园传统文化主题式课程研究[M].上海:上海交通大学出版社,2019.

[27]么娜.幼儿园建构活动课程游戏化模式研究[M].北京:中国原子能出版社,2019.